Réponses à un ami chrétien

SEYDOU WANE

Réponses à un ami chrétien

IQRA-QUALAM

©Editions Iqra-Qualam, Paris, 2019

ISBN 978-2-9567509-2-5

Dédicace

La vie est souvent faite de cycles, plus ou moins longs selon les humeurs et les circonstances, parfois définitifs, souvent éphémères, les nouveaux s'accommodant des anciens ou les congédiant et les reléguant au rang des convictions et engagements révolus. Ce sont des intérêts qui s'éveillent en nous, brusquement, ou lentement, des prises de conscience. Ils naissent et se développent au fil des rencontres, des découvertes. Les uns décident de devenir végétariens à la fin d'une visite d'un abattoir, les autres d'abandonner leur travail lucratif pour se consacrer à une cause humanitaire ; et d'autres, de plus en plus nombreux, un jour, sans raison précise, parce qu'on en parle beaucoup ou par simple curiosité, se saisissent du Qur'ân[1], le parcourent, le méditent, et en ressortent transformés, métamorphosés, avec la conviction que, pour la première fois de leur vie, Dieu, le Seigneur, le Créateur de toutes choses, leur a parlé intimement, profondément.

Je ne pourrai certes être de ceux qui découvrent ce Livre, le Qur'ân, car très tôt on me l'a fait réciter, apprendre et réapprendre ; et, avec la facilité de l'enfant, j'en mémorisais des pans entiers que je venais psalmodier auprès de *l'ustâzh*[2], afin qu'il me gratifie pour mes dons, me désigne parmi les meilleurs, mais je ne connaissais que les sens de quelques mots et le tout m'échappait dans une composition céleste de sons que je présumais sacrés et dépassant l'entendement humain. Puis, l'enfant grandissant, d'autres univers, d'autres cycles, l'ont porté de-ci de-là, au point de l'éloigner du Livre et de tout ce qu'il comporte.

---

[1] L'orthographe *Qur'ân* est préférable car phonétiquement plus proche du terme arabe que le vocable *Coran* généralement utilisé car très tôt suggéré par les premiers orientalistes.
[2] Maître (d'école coranique).

Cependant, la graine étant toujours plantée en moi, une simple goutte l'aurait arrosée, l'aura de tout être de foi, sincère, intègre, honnête, aurait été le rayon de soleil propice à son éclosion. C'est ainsi que, par le croisement des vies, j'ai rencontré Hicham, qui fut à mes côtés telle une image de *sahabi*[3].

A toi donc Hicham, pour l'éclat de ta foi vivace qui revivifie celles qui se sont laissé assoupir.

---

[3] Sahabi (au pluriel sahaba) désigne un compagnon du prophète Muhammad (paix et salut sur lui). Les compagnons les plus connus sont de plusieurs centaines. La très haute estime dont ils sont auréolés dans la communauté musulmane, qui les considère comme des modèles de vertu, provient à la fois de leurs faits relatés dans la *Sîra* et autres chroniques, mais également et surtout des versets qui leur consacrés dans le *Qur'ân*.

I Difficulté du dialogue mais nécessité de la compréhension mutuelle

Certains vont à Dieu par le cœur, d'autres par l'intellect. Le chemin le plus court, le plus sûr, est sans doute entre les deux, bordé d'un côté par le cœur et de l'autre par l'intellect. Car, une fois qu'on a « senti » Dieu, Sa présence, Sa mansuétude, il faut Le connaître, tel qu'Il se décrit à nous, pour mieux L'adorer.

Et c'est dans cette compréhension de Dieu que chrétiens et musulmans empruntent des voies spirituelles différentes. Trinité et Incarnation d'un côté, Unicité sans équivoque de l'autre. Sur le nadir, sur le temporel, chrétiens et musulmans peuvent se retrouver sur des valeurs communes, mener main dans la main les mêmes combats : ceux de l'amour du prochain, de la préservation de la famille, de la pudeur ; mais dès qu'ils lèvent les yeux au ciel, ils ne voient plus les mêmes choses.

Tandis que les visions célestes des juifs et musulmans convergent quasi vers la même lumière, atténuée par mille voiles pour éviter de consumer le monde. L'Eternel de l'Ancien Testament est quasi similaire à Allâh. Les noms des prophètes de l'Ancien Testament ponctuent la psalmodie coranique. Mais cette psalmodie laisse perplexe sur une proximité possible avec les « premiers monothéistes abrahamiques » : « *Tu trouveras certes que les plus disposés à aimer les croyants sont ceux qui disent : « Nous sommes chrétiens ». C'est qu'il y a parmi eux des prêtres et des moines, et qu'ils ne s'enflent pas d'orgueil* » (Qur'ân 5,82).

Toutefois, cette « fraternité » du chrétien pour le musulman n'est pas gravée dans tous les cœurs, car le verset qui suit précise : « *Et lorsqu'ils entendent ce qui a été descendu sur le Messager, tu vois leurs yeux border de larmes parce qu'ils ont reconnu la vérité. Et ils disent : Ô Seigneur, nous croyons. Inscris-nous parmi ceux qui témoignent* »[4]. Il est donc au sein d'une communauté, par-dessus toutes les autres, des êtres foncièrement sincères, susceptibles de reconnaître la voix de leur Seigneur, et enclins à rejoindre le musulman dans la prosternation.

A l'occasion d'un *mawlid an-nabawî*[5], fidèle à mes habitudes en de telles circonstances, j'ai envoyé un texte à la liste de diffusion des anciens élèves sénégalais de l'école d'ingénieurs inter-états IAI de Libreville. Dans cette liste figurent des musulmans très pratiquants, parfois membres des confréries *Tidiane*[6] et *Mouride*[7], des musulmans moins pratiquants, des chrétiens formés toute leur jeunesse auprès d'hommes d'église des établissements catholiques et fidèles aux messes du dimanche, et des chrétiens moins pratiquants.

Mon message pour ce *mawlid an-nabawi* tournait essentiellement autour de la déférence et de l'amour que les millions de musulmans vouent à la personne du Prophète (paix et bénédiction sur lui). Il y a eu plusieurs réactions de membres de la liste, essentiellement pour me féliciter. Parmi ces réactions, celle qui a donné lieu à divers échanges et un véritable enrichissement mutuel, jusqu'à mener à la production de ce petit ouvrage, fut celle de Fabrice, chrétien fervent signant tous ses billets par un extrait des Psaumes. Deux passages de mon hommage ont interpellé Fabrice : celui où j'évoque les prières répétées des musulmans sur le prophète Muhammad, et celui où je cite un extrait des Evangiles où Jésus (Ïssâ, paix et bénédiction sur lui) avertit ses

---

[4] *Qur'ân 5,83.*
[5] Anniversaire de la naissance du prophète Muhammad.
[6] Confrérie soufie, au sein de la branche sunnite, fondée par Ahmed Tidiane (1738-1815) – que Dieu soit satisfait de lui.
[7] Confrérie soufie, au sein de la branche sunnite, fondée par Ahmadou Bamba (1853 – 1927) – que Dieu soit satisfait de lui.

compagnons sur l'importance de la Loi et la nécessité de son maintien jusqu'à la fin des temps.

Passage portant sur les prières des musulmans pour le prophète Muhammad : « *Ils sont plus d'un milliard, partout dans le monde, à appeler, chaque heure, minute, seconde, la paix et le salut de Dieu sur le Prophète. Chaque appel à la prière du muezzin est suivi d'une multitude de mains s'ouvrant et implorant le Seigneur d'accorder au Prophète la place la plus éminente dans l'au-delà (..). Le prophète Muhammad n'étant qu'un simple être humain, aucune prière ne lui est adressée ; cependant il n'est de prière de musulman qui ne commence par son évocation et la demande que le Seigneur le couvre de Sa bénédiction. Même si Dieu, dans Son Infinie Sagesse, a adressé au Prophète un message lui annonçant le pardon de ses fautes passées, présentes et à venir[8], ces prières répétées pour l'envoyé de Dieu, de générations en générations, dans la solennité des assemblées des mosquées comme dans la quiétude de la solitude des demeures, sont l'unique marque d'affection, l'unique témoignage d'amour que puisse donner le plus simple des fidèles au meilleur des hommes* ».

A ce passage Fabrice réagit en ces termes : « *J'ai trouvé en partie une réponse à ma question de savoir les raisons des mots qui accompagnent toute invocation du nom du prophète Muhammad « PSL[9]* » ».

---

[8] Versets révélés au retour du pacte d'Al-Hudaybiya : « *En vérité Nous t'avons accordé une victoire grandiose, afin que Dieu te pardonne tes fautes, passées et présentes, parachève sur toi Sa grâce et te dirige dans la voie droite* » (*Qur'ân 48,1-2*).

[9] PSL = Paix et salut lui.

En disant cela Fabrice ignorait sans doute que la formule « paix sur lui » ou, en arabe, « *âlayhi salâm* », en réalité accompagne, dans la bouche du musulman, l'évocation du nom de tout prophète, parmi les cent vingt-quatre mille, d'Âdama[10] à Muhammad. Il est cependant souvent fait une exception pour Muhammad du fait qu'il clôt la chaîne prophétique, et la formule qui lui est consacrée est plutôt : « Que la paix et la bénédiction de Dieu soient sur lui ». Cette formule appelle explicitement la bénédiction de Dieu sur le Prophète. L'autre remarque est que mon exposé allait beaucoup plus loin que cette formule, puisqu'il mentionne les prières, les invocations en assemblées ou en solitaire, tels que le sermon de l'imam à la prière du vendredi, la prière sur le Prophète (*salat'ala an-nabi*)[11] ou le *salat'oul fatiha* qu'égrènent quotidiennement les *Tidianes*, rites sans doute que Fabrice ignorait parfaitement car n'étant pas des pratiques les plus connues.

Second passage de mon message ayant interpellé Fabrice : (*Evangile selon Matthieu*) « *Ne croyez pas que je suis venu pour abolir la loi ou les prophètes ; je suis venu non pour abolir mais pour accomplir. Car je*

---

[10] Adam (Âdama, paix sur lui) est considéré par plusieurs savants musulmans comme le premier des prophètes. Longtemps, et jusqu'à nos jours, la controverse s'est tenue entre les tenants du créationnisme et les partisans de l'évolutionnisme autour du verset 1,27 de la Genèse : « *Dieu créa l'homme à son image, il le créa à l'image de Dieu, il créa l'homme et la femme* ». Ce verset est interprété comme la création du premier homme il y a environ huit mille ans. La pensée qui domine aujourd'hui chez bon nombre de chercheurs musulmans est qu'Adam est l'ancêtre des hommes actuels et pas forcément le premier homo créé. Cette position est d'autant plus défendable que la paléontologie elle-même évolue, que l'homme de Néandertal coexiste avec l'Homo Sapiens, que des espèces du genre Homo disparaissent pendant que d'autres apparaissent.
[11] *Qur'ân 33,56 Certes Dieu et Ses anges bénissent le Prophète. Ô vous qui croyez invoquez sur lui les bénédictions et la paix.*

vous le dis en vérité, tant que le ciel et la terre ne passeront point, il ne disparaîtra pas de la loi un seul iota ou un seul trait de lettre, jusqu'à ce que tout soit arrivé. Celui donc qui supprimera l'un de ces plus petits commandements et qui enseignera aux hommes à faire de même sera appelé le plus petit dans le royaume des cieux ; mais celui qui les observera et qui enseignera à les observer, celui-là sera appelé le plus grand dans le royaume des cieux (…) Si ton œil droit est pour toi une occasion de chute, arrache-le et jette-le loin de toi ; car il est avantageux pour toi qu'un seul de tes membres périsse et que ton corps entier ne soit jeté dans la géhenne. Et si ta main droite est pour toi une occasion de chute, coupe-la et jette-la loin de toi ; car il est avantageux pour toi qu'un seul de tes membres périsse et que ton corps entier n'aille dans la géhenne. »[12]

Je concluais alors cet extrait des Evangiles par cette observation : « Or seydina Muhammad (âlayhi salâm) n'a pas ôté de la Loi une lettre du poids d'une graine de sénevé. Les versets qui lui ont été transmis perpétuent les tablettes de Mûsâ[13] (âlayhi salâm) ».

Et je terminais mon message par ce verset du Qur'ân : « Voici le Livre qui n'est sujet à aucun doute. C'est un guide pour ceux qui craignent leur Seigneur, croient à l'invisible, s'acquittent de la salât[14] et effectuent des œuvres charitables sur les biens que Nous leur avons accordés, ceux qui tiennent pour vrai ce qui t'a été révélé ainsi qu'à tes prédécesseurs et qui croient fermement à la vie future »[15].

---

[12] Matthieu 5,17-19 et 5,29-30.
[13] Moïse.
[14] Prière.
[15] Qur'ân 2,2-4.

Sans doute curieux de comprendre le véritable dessein d'un musulman mêlant à fois extraits des Evangiles et extraits du Qur'ân, Fabrice apporte d'abord une précision sous forme de question en apparence ouverte mais fermée dans le fond, puis ouvre réellement le débat par une question d'une grande profondeur théologique.

La précision : « *Est-ce que la question se pose de savoir si seydina Muhammad (alayhi salam) a ôté quelque chose à la loi ?* ».

Cette question peut sans doute se reformuler en une phrase plus directe : « Si nous, chrétiens, nous ne reconnaissons pas Muhammad comme envoyé de Dieu, ce n'est nullement parce qu'il s'est écarté de la Loi ». Or mon message allait au-delà de la reconnaissance du respect de la Loi par le Prophète, car il sous-entendait en réalité : à l'opposé de Muhammad qui s'est présenté comme sceau des prophètes, Jésus, dans les Evangiles, a explicitement annoncé l'arrivée d'autres prophètes après lui (dont des faux[16]), et une « entité » complétant son message resté inachevé[17]. Comme c'est à ses fruits que l'on reconnaît l'arbre, parmi les descriptions qu'il donne de l'homme véridique il y a le signe de son respect de la Loi, et donc de la continuité de celle-ci.

Sans remettre en cause l'importance de la continuité de la loi, par sa question écartant un aspect propre à la mission prophétique, Fabrice énonce implicitement que le respect de la Loi ne fait pas d'un homme un envoyé de Dieu. Condition nécessaire mais non suffisante. Certes.

Mais, en bon chrétien, ce qui intéresse surtout Fabrice ce sont les interprétations du texte biblique. Aussi sa demande, factuellement

---

[16] *Mathieu 24,24.*
[17] *Jean 16,12 « J'ai beaucoup de choses à vous dire, mais vous ne pouvez les porter maintenant. »*

ouverte cette fois, est : « *Pourrais-tu m'expliquer comment tu comprends le verset Matthieu 5,17 : « N'allez pas croire que je suis venu abolir la Loi des prophètes : je ne suis pas venu abolir mais accomplir »* ? ».

En espérant qu'il lui a apporté une meilleure compréhension de l'islam (et peut-être du christianisme à certains égards), cet échange avec Fabrice a été pour moi l'occasion d'une lecture horizontale des Evangiles (comparaison de récits d'un même fait) et d'un retour sur les fondamentaux de la doctrine chrétienne. Aussi il est des réponses que je lui ai apportées que j'eus formulées autrement quelques jours ou semaines plus tard, car ce fut quasi toujours avec décalage que je comprenais la portée réelle de ses questionnements et comment l'orthodoxie chrétienne les avait abordés.

Cette question de l'abolition ou de l'accomplissement de la Loi est cruciale. Elle a été d'une certaine manière traitée par Paul, l'auteur de la quasi-moitié du Nouveau Testament. Le terme *Evangile* (en arabe *Indjîl*) apparaît une douzaine de fois dans le Qur'ân, si bien que lorsqu'un musulman ouvre le Nouveau Testament, son premier réflexe est d'en lire uniquement les Evangiles, et d'avoir à ce texte « quasi » le même rapport qu'il a au Qur'ân, à savoir l'appréhender comme des propos « divinement inspirés » dans leurs forme et fond originels en hébreu ou araméen ; et, de prime abord, il n'accordera qu'une importance moindre à tous ses autres livres non empreints de cet halo divin, tels que les Epîtres de Paul. Ainsi lorsque je mentionnais « Paul » dans nos échanges, Fabrice réagissait en écrivant « Saint Paul », c'est dire la haute estime et confiance que lui et ses coreligionnaires lui accordent. C'est compréhensible ; à mon tour je pourrais être perplexe si un musulman mentionnait le nom d'un *khalife râchidoun*[18] sans le faire suivre de la formule « *radî Allâhu ân'hu* » (que Dieu soit satisfait de lui), ou si un non musulman en parlait comme d'un quelconque monarque sans considérer son épaisseur mystique ou spirituelle.

Mais les *khalifes râchidoun* ne sont pas à l'islam ce que Paul est au christianisme. En réalité il n'y a pas d'équivalent de Paul en islam, puisqu'il n'est d'autre auteur des écritures saintes islamiques que Dieu Lui-même. Paul est le centre de gravité du christianisme, le théoricien, le penseur, celui qui explique aux âmes non ailées la véritable personne de Jésus, dieu fait homme.

Or Paul, le maître de la doctrine, abolit la Loi. Pour lui la circoncision, la nourriture illicite, le shabbat sont révolus. Les sacrificateurs du Temple lavent les péchés des fidèles par le sang des bêtes ; en mourant sur la croix, par son sang versé, le fils de Dieu lave les péchés des hommes. L'accomplissement et l'abolition sont tous deux réalisés sur la croix. La foi ne s'exprime plus par l'observance de la loi, comme l'enseigne le judaïsme ancien, mais par l'amour et la croyance en un Jésus mort pour les hommes et ressuscité. C'est la voie d'un nouveau judaïsme qui se muera progressivement en christianisme. Et c'est également à partir de cette croix que tous les chemins se séparent. Pour les musulmans le salut se gagne par une éthique, une conduite (horizontale et verticale) conforme aux enseignements du Prophète ; pour les chrétiens le salut s'est gagné par le sacrifice du fils de Dieu. Tout en se voulant réformateur, le christianisme pose les pieds de son autel sur les terres du judaïsme et son principe de sacrifice effaçant les péchés[19].

---

[18] Les *khalifes râchidoun* (monarques bien guidés) sont les quatre successeurs du prophète Muhammad : Abû Bakr, Ümar ibn al Khattâb, Üthmân ibn Äffân et Älî ibn Abû Tâlib.

[19] Le paradoxe est d'autant plus grand que d'une part l'objet de « ce

Mais voici ce que je répondais alors à Fabrice : « *Selon les quatre évangiles canoniques, seydina Ïssâ est de pure tradition juive, issu de la « maison de Dâwûd[20] »* (selon les généalogies figurant dans *Matthieu et Luc[21]*), *fréquentant le Temple, enfant y discutant avec les rabbins[22], adulte en chassant les marchands[23], attaché à la Thora, à ses commandements. De mon point de vue ce qui est dit ici peut s'interpréter comme suit : « Les anciens vous ont interdit de convoiter la femme de votre voisin (sixième commandement) ; moi je vous dis que s'il vous arrive de regarder une femme qui n'est pas la vôtre, arrachez votre œil, car il est préférable d'aller borgne au paradis qu'avec les deux yeux en enfer ». C'est un rappel ferme de la loi, une confirmation doublée d'un durcissement. Deux sens sont à mon humble avis contenus dans ce message : d'une part le messie confirme la loi issue de la Thora, d'autre part il donne les clés d'identification du bon meneur d'hommes (« celui qui enseignera… »), clés qui sont complétées par d'autres versets où il décrit le futur intercesseur[24] : « il me glorifiera[25] (…), il ne parlera pas de lui-même, il ne dira que ce qu'il entendra[26] »*.

---

sacrifice » ultime, Jésus, s'était lui-même opposé à cette pratique en s'en prenant aux marchands vendeurs de bêtes à sacrifier, et d'autre part il n'indique pas, dans les Evangiles, que son sacrifice va sauver l'humanité.

[20] David, paix et bénédiction sur lui.

[21] Ces deux généalogies (dans *Luc* et dans *Matthieu*) relient Jésus à David, non par « le sang », à savoir par Marie, mais par le « légal », à savoir à travers Joseph.

[22] *Luc 2,46.*

[23] *Matthieu 21,12.*

[24] Le terme grec « parakletos » des Evangiles est communément traduit par « consolateur », mais sa traduction la plus conforme est « intercesseur ». Voir à ce propos les réflexions du docteur Maurice Bucaille.

[25] *Jean 16,14.*

[26] *Jean 16,13.*

Ce qui, pour une lecture musulmane, ne peut qu'évoquer le prophète Muhammad, puisque qu'il perpétue les commandements de Mûsâ, qu'il fait appliquer telle quelle la Thora chez les juifs de Médine[27], que le Qur'ân n'est pas son œuvre mais des paroles qu'il « entend » et qu'il répète[28], et que ce même Qur'ân « glorifie » Ïssâ en le citant nommément plusieurs fois lui et sa mère, Maryam[29], qu'il reconnait sa naissance miraculeuse, confirme de Maryam le statut de meilleure femme des mondes, et lui consacre, ainsi qu'à sa famille élargie, deux longues sourates[30] ».

Par une formulation différente, Fabrice confirme le sens du maintien de la loi : « *Jésus dans sa vie, à travers ses enseignements, va apporter la bonne et vraie interprétation de la loi de Moïse et des prophètes. Dans ce passage Jésus interpelle son auditoire. « N'allez pas croire que je suis venu abolir la Loi ou les prophètes : je ne suis pas venu abolir mais accomplir. Car je vous le dis, en vérité : avant que ne passent le*

---

[27] *Qur'ân 5,44.*

[28] Selon l'interprétation chrétienne, l'« entité » que Jésus annonce, le paraclet, n'est autre que le Saint Esprit. Cela pose certes le problème que le Saint Esprit est omniprésent, puisqu'il est dieu, or Jésus affirme « si je ne m'en vais pas, il ne viendra pas » (*Jean 16,7*). Mais surtout : les termes « Esprit », « Esprit Saint », « Saint-Esprit » figurent explicitement dans le Qur'ân et ils désignent Djibrîl (Gabriel) (*Qur'ân 16,102*). Dans l'orthodoxie musulmane, Djibrîl « répète ce qu'il entend », puisque les versets du Qur'ân qu'il transmet à Muhammad lui viennent directement de Dieu. Il devient dès lors plausible que les deux interprétations (chrétienne et musulmane) se rejoignent, sur la notion d'Esprit Saint, tout en s'opposant (Djibrîl n'étant pas une entité divine mais un « ange supérieur » chargé de communiquer directement avec les prophètes).

[29] Marie, Dieu soit satisfait d'elle.

[30] Sourates *Maryam* et *Al-i'Imran*.

ciel et la terre, pas un i, pas un point sur l'i, ne passera de la Loi, avant que tout ne soit réalisé ».

Jésus parle ainsi parce qu'il venait de leur donner les béatitudes : « Heureux ceux qui ont une âme de pauvre… Heureux les doux… ». Ce qui pouvait laisser penser qu'ils en avaient fini avec la Loi.

De même Jésus considère l'Ancien Testament comme un tout inspiré de Dieu, et que rien n'y serait aboli ou mis de côté. Son propos n'était pas spécifique au sabbat ou aux dix commandements. »

Ainsi a débuté une conversation fructueuse avec mon « frère » Fabrice. Tout le long de nos échanges, il a témoigné d'une grande tolérance et d'une grande écoute, de ce comportement que l'on est en droit d'attendre de tout disciple de Mûsâ, Ïssâ ou Muhammad.

Et j'ai eu à son égard la déférence que commande le Qur'ân envers ceux qui ont reçu un Livre (« *Et ne discutez avec les gens du Livre que de la manière façon*[31] »), tout en l'appelant aux « termes communs », ainsi que le recommande le Qur'ân, termes communs qui sont la reconnaissance par tout homme se réclamant d'un envoyé de Dieu qu'il n'y a qu'un seul Dieu, sans associé, « *n'ayant jamais enfanté, n'ayant jamais été enfanté* »[32], Lui seul digne d'adoration. Ces termes communs ne peuvent être assimilés à une quelconque tentative de conversion ou velléité de prosélytisme, puisqu'ils sont le socle commun du monothéisme. Le Qur'ân invite ainsi les gens du Livre (juifs et chrétiens) à prôner un discours sans ambiguïté : « *Dis : « Ô gens du Livre, venez à une parole commune entre nous et vous : que nous*

---

[31] *Qur'ân 29,46.*
[32] *Qur'ân 112,3.*

n'adorons que Dieu, sans rien Lui associer, et que nous ne prenons point les uns les autres pour seigneurs en dehors de Dieu » »[33].

On peut donc garder son guide, tout en reconnaissant à Dieu Sa particularité, Son unicité. Ce principe, en apparence simple, notamment pour un juif ou un musulman, se complexifie auprès du chrétien pour qui le guide n'est pas seulement un sage, un prophète enseignant ce que Dieu attend de l'homme, mais un « sauveur ». Chrétien et musulman partent du même principe que l'homme est par essence faible, penché vers le pêché. Pour le premier, le remède, le salut, passe par le sacrifice d'un homme pur, dieu fait homme (cela, sans irrévérence, n'est pas sans rappeler l'image de la vierge à donner en offrande pour apaiser une colère ou endiguer un fléau). Pour le musulman, les péchés, qu'ils soient véniels ou grands, se pardonnent et s'évitent par le repentir, la prière[34], le jeûne, l'aumône, le pèlerinage ; ainsi que le dit la tradition prophétique : une bonne action efface une mauvaise.

La manipulation, le commentaire des écritures saintes est toujours chose délicate. La moindre des compétences pour « oser » une exégèse du Qur'ân est de maîtriser parfaitement l'arabe littéraire, de connaître de mémoire les six mille deux cent trente-six versets, les abrogés et les abrogatifs, le contexte de révélation de chacun, les *tafsîrs*[35] qui font autorité. Toutes ces conditions réunies sont l'apanage

---

[33] *Qur'ân 3,64.*

[34] Lorsqu'un compagnon demande au Prophète la raison des cinq prières par jour plutôt qu'une seule, le Prophète lui répond que s'il se baignait dans une rivière cinq fois tous les jours plutôt qu'une seule fois, il n'en serait que plus propre.

[35] Le *tafsîr* désigne la science de l'interprétation. Plusieurs tafsîrs ont été élaborés par les plus illustres exégètes des principales écoles théologiques et

des *ulamâs* et des jurisconsultes. Pour les Evangiles, l'interprétation la plus fidèle ne pourrait se faire sans la compréhension du grec ancien, la connaissance de la genèse de chaque évangile, du papyrus le plus ancien, de l'évolution de celui-ci jusqu'à sa collaboration à la composition finale en grec. Cela dit, toutes les bonnes volontés se heurtant à ces écueils doivent-elles abandonner ? Nous ne le pensons pas, car, d'une part, aussi profondes et complexes que puissent être les écritures saintes, aussi destinées à une élite que soient un bon nombre de leurs versets, il en est une partie accessible à tout doué de raison, le Qur'ân l'atteste clairement[36].

Le lecteur tolérera que mes propos soient souvent plus longs que ceux de mon interlocuteur. Il comprendra que cet ouvrage n'est pas une corédaction mais la compilation de mes réflexions suscitées par telle remarque ou question, raison pour laquelle il n'est pas intitulé « Dialogue avec un ami chrétien » mais plutôt « Réponses à un ami chrétien ». Derrière tout ouvrage, essai ou roman, il est un dessein. Le

---

juridiques. Leurs règles sont toutefois communes et respectent la chaîne de hiérarchie de l'interprétation à savoir : Le *Qur'ân* expliqué par lui-même (un verset pouvant en détailler un autre), le verset expliqué par le Prophète (à travers les *Hadîths* et la *Sîra*), le verset expliqué par un compagnon du Prophète (*sahabi*), le verset expliqué par un membre de la génération ayant succédé à celle des compagnons et les ayant cotôyés (tâbi'ï). On estime ainsi que la « connaissance véritable » s'arrête à cette dernière génération ; même s'il peut y avoir des individualités exceptionnelles parmi les générations postérieures, leurs visions ne peuvent être retenues que si elles sont cohérentes avec celles qui font références.

[36] *Qur'ân 3,7 C'est Lui qui t'a révélé le Livre contenant des versets clairs et précis, qui en constituent la base, et d'autres versets susceptibles d'être différemment interprétés. Et c'est à ces versets que les incrédules, avides de discorde, prêtent des interprétations tendancieuses, alors que nul autre que Dieu n'en connait la signification exacte.*

mien demeure celui de répondre à des préjugés ou idées reçues tels que « le Qur'ân plagie la Bible », « l'islam accuse le christianisme d'avoir falsifié les écritures », ou de répondre à des interrogations du type « qu'apporte de nouveau le Qur'ân par rapport à la Bible ». Plutôt que de restituer le dialogue tel qu'il s'est déroulé, il a été structuré en thèmes abordés.

Puisse le Seigneur pardonner toute mauvaise interprétation, et puisse-t-Il ne juger que par nos intentions de mieux faire connaître à l'autre nos opinions.

II Les écritures saintes

II.1 Le pilier de la foi

Toutes nos fois, juive, chrétienne, musulmane, reposent sur des livres : Ancien Testament, Nouveau Testament, Qur'ân. Il suffit que l'authenticité de ces livres soit remise en cause, que la Thora ne soit pas la parole de Moïse, que les Evangiles ne soient pas la parole de Jésus, que le Qur'ân ne soit pas la parole de Dieu, pour que nos fois s'écroulent, qu'elles n'aient plus de raison d'être.

Quels sont les piliers qui soutiennent ces livres et garantissent qu'ils sont ce qu'ils se présentent être ? Ceux de la Bible (ancien et nouveau testaments) sont : « des hommes écrivant certes après les événements mais inspirés par Dieu ». Qui sont ces « hommes inspirés » ? Nul ne le sait. On admet que les écritures les plus anciennes retrouvées datent de plusieurs siècles après l'émission de la parole par les envoyés de Dieu ; ces manuscrits ne sont pas dans la langue des protagonistes, ils ne sont pas signés et on suppose qu'ils sont les copies d'originaux introuvables, perdus, détruits. Cette réalité entame-t-elle la foi des fidèles ? Seulement pour quelques rares exceptions, pour les esprits exigeants, tel docteur Bart D Ehram qui confie avoir perdu sa foi chrétienne après quelques années passées parmi les papyri anciens. Pour tous les autres, dont la grande masse ignore ces faits, comme empruntant à Descartes l'idée qu'il faut consentir à la réalité de la perception de nos sens car « Dieu ne peut indéfiniment se jouer de nous », il est de bon aloi de croire chaque ligne de ces écrits venus de si loin, passés par tant de mains, sans se poser ni la question de leurs origines, ni la question de leur altération à travers le temps. Et c'est ainsi que le terme « foi » prend tout son sens : croire à la vérité de la formation d'un livre sans que rien ne puisse venir conforter cette croyance.

Le Qur'ân se définit comme « la parole directe de Dieu », « non inspirée », et sa caution repose essentiellement sur la personnalité d'un homme, le prophète Muhammad. Il est analphabète, et pourtant la psalmodie qu'il reçoit, en diverses circonstances et dans un état second, défie les plus grands poètes arabes de son temps (et jusqu'à aujourd'hui), qui finissent par reconnaître leur incapacité à produire des sourates semblables à celles du Qur'ân[37]. Il est réputé, même auprès de ses plus fervents ennemis, pour sa droiture et son désintéressement, lesquels lui valent le surnom d'*al amîn* (le digne de confiance) bien avant la révélation. Des versets qu'il récite, il en est un grand nombre qui échappent à la compréhension de ses contemporains, et dont quelques-uns lèvent leurs voiles au vingtième siècle sous les mains de la science moderne, et d'autres demeurent inaccessibles. Sa vie, dans le plus menu détail, est livrée par mille sources, mille témoins, remontant jusqu'à ses ancêtres les plus lointains, et descendant jusqu'à ses petits-enfants. Rien n'est omis, rien n'est caché, rien n'est sous l'ombre de l'aile de l'ange Apocryphe, tout est dit dans des milliers de pages des *Hadîths*[38] et des *Sîras*, produisant une documentation jamais réunie sur un personnage historique, afin que l'humanité entière, à travers tous les âges, et sous tous les cieux, reconstitue quasi minute par minute la vie et l'œuvre de celui qui porte sur ses épaules le message renouvelé de plusieurs millénaires ; afin que cette humanité, absente au moment des faits, dispose de tous les

---

[37] *Quran 2,23 Et si vous vous avez des doutes sur ce que Nous avons révélé à Notre serviteur, alors produisez une sourate similaire et appelez vos témoins en dehors d'Allâh si vous êtes véridiques.*

[38] Le pluriel arabe ne consistant pas à modifier la terminaison du mot, il serait plus correct de dire « des ahâdîth », cependant le terme « hadîth » étant pratiquement entré dans le langage courant, on admet qu'il soit « francisé » et écrit « hadîths » au pluriel.

moyens pour juger de la véracité du message et de l'intégrité du porteur de message.

Le dernier livre révélé s'expose dans les musées de différents continents[39], dans une calligraphie datant de quelques années après les premières psalmodies. Il se veut le confirmateur, le sceau, mais également le correcteur, le perfectionneur de tous ceux qui l'ont précédé ; il se veut la *Thora* (dans son sens le plus large de *dîn,* voie, religion) non exclusive aux descendants de *Ya'qûb*[40], mais adressée à chacun, à travers l'alliance que Dieu a conclu avec chaque être humain. Il est issu de la récitation des hommes - fait non surprenant car aujourd'hui encore ils sont des millions, arabophones et non arabophones, à réciter de mémoire tout le Qur'ân -, issu des parchemins et des divers supports sur lesquels l'écriture a été gravée par les scribes. Qui sont ces réciteurs réputés dans Médine pour leur mémorisation ? Ces scribes gravant la Parole en présence du Prophète ? Ces membres de la commission réunie par le khalife Üthmân[41], chargés de rassembler manuscrits et réciteurs, de produire la reliure de la Parole qui sera envoyée aux quatre coins de l'empire afin que Perses, Egyptiens, non Arabes, Arabes non Quraychites, tous ces peuples ne prononçant pas correctement le texte, ne prennent l'initiative de le transcrire, ne se réfèrent plus uniquement aux compagnons du Prophète qu'ils croisent, mais à un Livre explicite ?

---

[39] Exemplaires conservés au Caire, à Instanbul, en Ouzbékistan. Des parchemins datant d'avant la commission d'Üthmân, attribués donc à des scribes transcrivant à l'époque même du Prophète, ont été retrouvés (classés antérieurement par erreur dans des manuscrits moins anciens) conformes à ces exemplaires du Qur'ân.

[40] Jacob (ou Isrâ'îl), paix sur lui.

[41] Lui-même compagnon très proche du Prophète et hâfizh (personne connaissant tout le Qur'ân par cœur).

Membres de la commission, scribes du Prophète, maîtres-réciteurs, gardiens de manuscrits, ils sont tous, dans le détail, connus par leurs noms et leurs histoires.

L'unique raison pour laquelle le Prophète n'a pas entrepris lui-même l'œuvre d'assemblage et reliure de la révélation est qu'il était entouré de fidèles connaissant parfaitement à la fois la langue arabe et le texte coranique. Toute la vie des Médinois était rythmée par la psalmodie coranique, qu'ils apprenaient par cœur chacun de son côté, entendaient régulièrement à la mosquée derrière le Prophète lors des prières quotidiennes, à la prière du vendredi, durant les nuits de *tarâwîh*[42]. La mosquée était par excellence le lieu de rassemblement ; à la fin des prières, les compagnons s'asseyaient autour du Prophète et le moment se prolongeait en enseignements. A son dernier pèlerinage à la Mecque, le Prophète a régulièrement ponctué son prêche d'adieu à la foule rassemblée sur le mont Ärafât[43] par la question : « Ai-je bien transmis le message ? » ; elle a répondu en cœur « Oui ô messager d'Allâh ». Douze ans après ce pèlerinage, alors qu'il n'était plus de ce monde, sous le khalifat d'Üthmân[44], l'expansion de l'islam et la diversité des peuples le rejoignant étaient telles que le « livre relié » devenait une nécessité. Si le sens premier d'Al Qur'ân est « la récitation », il ne se définit pas moins comme « *kitâb* » (Livre) dès le second verset de la deuxième sourate : « *Voici le Livre sur lequel nul doute n'est possible (...)* ».

---

[42] Prières nocturnes de ramadhân consistant pour l'imam à réciter tout le Qur'ân de façon étalée sur le mois.

[43] Marque la station debout du dernier pèlerinage en hommage à ce dernier sermon du Prophète sur le lieu saint.

[44] Abu Bakr, le plus proche compagnon du prophète, lui a succédé pendant deux ans, suivi du khalife Umar ibn al Khattab pendant dix ans.

I.1 Langue des révélations

Fabrice : J'ai le sentiment que l'islam gagnerait à asseoir la prophétie du prophète Mohamed (PSL) et sa théologie et sa doctrine autrement que de dire que les Évangiles et la Thora sont ambigus, falsifiés, altérés... et si ce n'était pas le cas ? De ce que l'homme a connu de Dieu avant la « descente du Coran » qu'est-ce qui a été ajouté qui permette aux hommes de mieux connaître Dieu, le prier et l'adorer ?

La Bonne Nouvelle c'est Jésus Christ. C'est la Rédemption obtenue à l'humanité par le Messie, la réconciliation de l'homme avec son Dieu dont il a été coupé par le péché. Le Christ dit dans Jean 14, 6-7 : « Je suis le Chemin, la Vérité et la Vie. Nul ne vient au Père que par moi. Si vous me connaissez, vous connaîtrez aussi mon père ; dès à présent vous le connaissez et vous l'avez vu. »

Il convient de considérer ce propos de Jésus dans *Jean 14,6-7* avec prudence pour au moins deux raisons : les propos de Jésus dans les évangiles doivent être plus compris dans un sens allégorique ou symbolique qu'ils ne doivent être lus et répétés au pied de la lettre car ils ne reproduisent que très rarement la stricte exactitude de sa parole (parole exprimée ni en français, ni en grec, mais en araméen ou en hébreu), c'est, entre autres, l'avis de spécialistes de l'Ecole Biblique de Jérusalem[45]; d'autre part, l'Ancien Testament, dont, comme tu le dis, Jésus reconnaît l'authenticité, affirme : *Dieu n'est point un homme, ni*

---

[45] « (...) telle parole de Jésus, telle parabole, telle annonce de sa destinée, n'ont pas été prononcées comme nous les lisons, mais elles ont été retouchées et adaptées par ceux qui nous les ont transmises » (*Synopse des quatre évangiles, Ecole Biblique de Jérusalem*).

fils d'un homme[46] et « *Tu ne pourras voir Ma face, car l'homme ne peut Me voir et vivre* ».[47]

Ce sont surtout les exégètes, chercheurs et historiens chrétiens, ou de culture chrétienne - si cette expression a un sens -, qui soulèvent les premiers la question de la fiabilité des matériaux qui ont servi à l'élaboration du canon chrétien.

La « rédemption » suppose l'existence d'un pêché attaché à l'homme, telle l'écorce à l'arbre, l'éloignant de Dieu, et nécessitant un évènement exceptionnel (tel que la descente du fils de Dieu sur terre pour être crucifié par les hommes) pour que Dieu daigne de nouveau se « réconcilier » avec l'homme. Or le Qur'ân enseigne que le Très-Miséricordieux[48] a pardonné ce pêché – originel - il y a de cela quelques millénaires, qu'il n'y a pas de pêché qu'Il ne puisse pardonner[49], sans pour cela qu'il n'est besoin de sacrifier un quelconque animal ou humain, car un repentir sincère Lui suffit[50].

---

[46] *Nombres 23,19.*
[47] *Exode 33,20.*
[48] *Ar'Rahman* et *Ar'Rahîm* (traduits le plus souvent par *Le Très-Miséricordieux* et *Le Tout-Miséricordieux*) sont les deux premiers noms de Dieu apparaissant dans le Qur'ân. Leurs traductions n'indiquent généralement aucune différence entre les deux, mais le *tafsîr* considère *rahman* comme la miséricorde d'ici-bas accordée à tout être humain, indifféremment de sa foi et sa piété, tandis que *rahîm* désigne la clémence de l'au-delà, réservée aux croyants fidèles à la parole révélée.
[49] *Qur'ân 39 ,53 Dis : « Ô Mes serviteurs qui avez commis des excès à votre détriment, ne désespérez point de la miséricorde de Dieu. Dieu pardonne tous les péchés. Il est en vérité le Pardonneur, le Miséricordieux. »*
[50] *Qur'ân 25,71 Et quiconque se repent et fait le bien, il se repent devant Dieu d'un repentir sincère.*

Le texte coranique se différencie donc des précédents sur le rapport à Dieu : « *Et ils n'ont pas estimé Dieu à sa juste valeur (…) Gloire à Lui. Il est au-dessus de tout ce qu'ils Lui associent.* »[51]

Le Maître des univers[52], Créateur des cieux et de la terre, du firmament et du noyau terrestre, de l'infiniment petit, de l'infini grand, connaisseur de tout mouvement, de la plus petite anthère au plus gigantesque astre, n'est ni homme, ni être à garder rancœur contre l'homme à travers toute sa descendance, ni être à se présenter en homme[53], ni ne se nourrit comme les hommes[54], ni ne se fait attacher comme un prisonnier, ni ne désespère comme un supplicié. Ce qui pour le chrétien constitue le plus grand don (la mort de son propre fils pour racheter les péchés de ses créatures) relève pour le musulman du plus grand blasphème. Nous n'avons donc pas la même conception de Dieu. Ce « déplacement » dans le paradigme divin nécessitait une clarification, une révélation claire et non équivoque.

Que prévalait-il sur terre, et plus précisément dans et autour la péninsule arabique, lorsque le prophète Muhammad y a vu le jour vers l'an 570 ?

---

[51] *Qur'ân 39,67 Et ils n'estiment pas Dieu à Sa juste valeur, quand de la terre entière Il ne fera qu'une poignée le Jour de la Résurrection, et que les cieux seront ployés dans Sa dextre. Gloire à Lui, Il est au-dessus de tout ce qu'ils peuvent Lui associer.*

[52] *Rab'bil âlamîn, Seigneur des mondes (Qur'ân 1,2).*

[53] Contrairement à la Bible, dans le récit coranique Dieu ne se présente pas physiquement (en être humain) à Abraham.

[54] Contrairement à la Bible, dans le récit coranique les anges, sous forme humaine, venus rendre visite à Abraham, ne vont pas toucher au repas servi par son épouse Sarah.

A l'ouest l'empire sassanide (perse) adorateur du feu éternel. Au nord, au sud, à l'est, les chrétiens unitariens ont quasi disparu ; l'empire byzantin occupe les grands espaces de la Turquie actuelle jusques aux portes du Hidjâz, en englobant la Palestine, l'Egypte, l'Afrique du Nord. L'empire abyssin règne dans l'actuelle Ethiopie. Tous deux, empire byzantin et empire abyssin, sont adorateurs de trois entités divines formant un dieu (trinité). Au sein du Hidjâz, la tribu dominante, les Quraychs, ainsi que leurs administrés, vénèrent près de trois cent soixante dieux de bois et de pierre à l'intérieur et autour du plus ancien temple du monothéisme, le sanctuaire de la Kaaba[55].

Cette cartographie à elle seule suffit pour que Dieu, dont le premier des quatre-vingt-dix neufs noms est la Miséricorde (et dans la miséricorde est la bonne guidée), intervienne par un ultime envoyé, destiné non à une communauté, comme les précédents[56], mais à toute l'humanité, non pour transmettre un nouveau message, mais pour rappeler un message déjà reçu, notamment par les Arabes, dont les ancêtres (parmi lesquels Ibrâhîm[57] et Ismâ'îl[58], bâtisseurs de la Kaaba) étaient de purs monothéistes ; message déjà reçu notamment par les Perses, par l'intermédiaire sans doute de Zoroastre entre autres ; message déjà reçu notamment par les contemporains de Jésus, dont les disciples règnent sur l'Orient et l'Occident.

Ces messages reçus, s'inscrivant initialement tous dans le pur culte du *tawhîd*[59], conformes à la lignée de tous les prophètes, se voient

---

[55] Selon la *Sîra* la Kaaba a été construite par le patriarche Ibrâhîm (Abraham) et son fils Ismâ'îl (Ismaël) vers 1700 avant notre ère.
[56] Selon la perspective islamique, tous les prophètes bibliques de Moïse à Jésus (inclus) étaient exclusivement destinés aux tribus d'Israël.
[57] Abraham, paix et bénédiction sur lui.
[58] Ismaël, paix et bénédiction sur lui.

dénaturés, oubliés, avec le temps, avec les déplacements de la Parole, chaque peuple y inscrivant ses propres passions, ses propres préoccupations : Rome, de nature païenne, mêlant ses propres rites à la religion venue d'Orient, faisant naître le Christ au solstice d'hiver tandis toutes les écritures portent à croire qu'il est né en été ; les Grecs, férus de divinités et de fils de divinités, mêlant mythologie grecque et théologie d'Orient. L'expression « fils de Dieu », dans la bouche d'un Hébreu pouvant signifier « homme de Dieu »[60], comme on dirait « homme de foi », ce terme hébreu se retrouvant à la pointe de la plume d'un scribe écrivant en grec, vient y rencontrer une autre réalité. Entre l'encrier et le papyrus va s'opérer la mutation du sens figuré en sens propre.

Que devient l'essence de l'Evangile lorsqu'il est transporté dans une terre puissante, préoccupée de politique et occupée à vénérer des divinités multiples, une terre que n'a jamais foulée un prophète biblique ? L'Occident, par la langue grecque, puis latine, a observé ce message à travers ses propres primes, y a apposé sa marque pour le rendre audible à sa population, au point de voir s'élever contre lui les tenants d'une tradition millénaire ; d'abord, lors des actes des apôtres, les véritables compagnons de Jésus s'opposant à Paul, l' « apôtre » tardif, l'auteur en grec ancien, et sa volonté d'enrôler les païens plus réceptifs à son discours et d'annihiler toutes les pratiques inconnues d'eux telle la circoncision ; puis, trois siècles plus tard, au concile de Nicée, Arius et ses partisans de Syrie et d'Asie mineure accusant les évêques affiliés à Rome de se méprendre sur la compréhension des textes.

---

[59] Monothéisme pur.
[60] *Galates 3,26 « vous êtes tous des fils de Dieu ».*

Qu'il eût été heureux, lorsque tu cites un personnage aussi important que Jésus, de le rapporter mot pour mot dans sa langue maternelle, en araméen ou hébreu. Il est souvent fait le reproche aux musulmans de ne souhaiter citer et réfléchir le Qur'ân qu'en arabe. La langue pourtant ne véhicule pas que des mots qui trouvent leurs correspondances dans d'autres lexiques ; elle est le creuset d'une culture, histoire, imaginaire qui rendent insipide, imprécise, inopérante toute tentative de traduction. La sauvegarde absolue du sens réel est d'autant plus cruciale lorsqu'il s'agit d'écriture sainte, référence suprême pour des centaines de millions d'individus. A ta décharge, d'une part il ne nous a pas été rapporté de tradition de récitation liturgique de l'Evangile en présence de Jésus, ou durant les moments ayant suivi sa disparition, d'autre part les papyri et codices retrouvés ne sont ni en araméen ni en hébreu.

Le Qur'ân est l'unique livre saint pour lequel parchemins et manuscrits sont tous dans la même langue, arabe ; et surtout l'unique livre saint qui précise sa langue de révélation, de surcroît de façon régulière dans le texte : « *Nous avons révélé le Qur'ân en langue arabe afin que vous le compreniez.* »[61]. Sa compréhension parfaite ne peut se faire que dans la langue dans laquelle elle a été révélée ; ne peut être appelé Qur'ân que le texte tel qu'il a été récité. Toute traduction est tentative d'explication et ne porte que la signature de son auteur[62].

---

[61] *Qur'ân 12,2* ou *Qur'ân 26,195 « C'est une révélation en langue arabe claire »*.

[62] Jacques Berque, islamologue doué d'une rigueur qui manque à ses pairs du monde francophone d'aujourd'hui, refusait que sa traduction porte le titre de « Coran », car son ouvrage ne pouvait être qu'un très pâle reflet de ce les fidèles tiennent tous les jours entre leurs mains.

Chaque langue a sa force et ses domaines de prédilection. L'anglais est réputé pour son expressivité, sa propension à privilégier la combinaison de mots plutôt que la création de nouveaux mots ; le français pour la finesse et la richesse de sa formulation, la multiplicité de ses temps ; l'arabe pour sa poésie, l'étendue de son vocabulaire, son principe – qu'elle partage avec les autres langues sémitiques - de racine triconsonantique, à partir de laquelle, à la manière de pétales poussant autour d'un style, fuse une multitude de termes. Il comporte ainsi plus d'une centaine de noms pour désigner un chameau, un cheval, selon son âge, son niveau de sevrage, ... Mais, par-dessus tout, les langues sémitiques, nées et évoluant dans des milieux de spiritualité, ont cette primauté d'être propices à l'écriture sainte et à l'exégèse (même si elles ne peuvent être réduites à ces domaines ; l'arabe, aux grandes heures de Bagdad et de l'Andalousie, a occupé pendant des siècles la place de la principale langue d'échanges entre sommités de toutes les disciplines ; scientifiques, philosophes, exégètes non arabes, écrivant dans cette langue pour diffuser la pensée. Cet héritage est omniprésent dans quasi toutes les langues parlées). Si les établissements d'apprentissage de l'arabe se multiplient dans le monde, c'est que partout, des confins de l'Asie aux zones les plus reculées d'Afrique, les fidèles s'y pressent pour apprendre la langue dans laquelle le Livre a été révélé, pour retrouver ses sonorités, ses rimes, son rythme, l'atmosphère des lieux où il a été descendu.

Tant de langues ont été parlées par de grandes communautés qui n'existent plus aujourd'hui ou sont si peu utilisées qu'elles sont affublées de l'étiquette *langues mortes*, et ne sont plus entretenues que par quelques fidèles archéologues du verbe.

Deux langues pourtant, apparues depuis des millénaires, même si les périodes de leurs diffusions ne sont encore déterminées, subsistent, ne sont en rien modifiées, comme figées dans le temps, et elles participent toujours activement de ce vaste brouhaha de la planète. Elles doivent leur survie à leur élection au statut de langues de révélation divine. Cette élection est le garant de leur immortalité et de leur immuabilité. Dès qu'il a été en possession de la révélation coranique, le petit peuple, enclavé entre deux puissances, dans une terre si peu attrayante que celles-ci n'ont jamais songé à l'envahir, ce petit peuple a quitté le dos des chameaux pour monter les chevaux, traverser mers et océans, défilés étroits et vastes plaines, pour porter le message à tous les horizons.

Il n'était rien ; le Livre le fit roi parmi les rois, navigateur, philosophe, médecin, géographe, inventeur. Plus de deux mille ans après, la promesse de l'Eternel à Abraham prenait corps : « *Quant à Ismaël, (...) je ferai de lui une grande nation* »[63].

Issu d'un prophète de cette nation, le Livre est devenu l'âme de mille autres peuples, qui le récitent avec autant d'émotion. L'universalité est assurée. On pourrait brûler tous les Qur'ân de la terre, la minute qui suivrait il en émergerait mille autres identiques partout où s'est élevée une mosquée. L'écrit, depuis le commencement n'a été que son support de transmission, cependant qu'à chaque génération la parole est préservée dans des millions de poitrines, à travers tous les peuples. Dieu se porte lui-même garant de cette préservation : « *C'est Nous, en vérité, qui avons révélé le Qur'ân, et c'est Nous qui en sommes gardien.* »[64]

---

[63] *Genèse 17,20.*
[64] *Qur'ân 15,9*

II.2 Du papyrus au codex, du codex au livre relié

Cette préoccupation de la préservation fidèle et rigoureuse, syllabe par syllabe, de chaque verset du Qur'ân a été très tôt présente chez le Prophète et ses compagnons. Lorsque, durant le khalifat d'Abû Bakr[65], des *hufâzh*[66] tombaient dans les champs de bataille de Perse et du Châm, l'inquiétude gagna les *sahabas* de Médine, et Ümar ibn al Khattâb pressa Abû Bakr d'entamer le travail de copie des parchemins. « Si, lui dit-il, nous ne rassemblons pas dès à présent tous les parchemins pour faire des exemplaires immuables, il arrivera à notre Livre ce qui est arrivé aux livres des juifs et des chrétiens ».

Cette inquiétude prouve que très tôt les premiers musulmans n'avaient pas une confiance absolue dans les écrits des *gens du Livre*. Tu as donc raison de souligner ce fait ; cependant, aujourd'hui, ce sont surtout des non musulmans, spécialistes européens et américains, qui s'attèlent, par des études précises et étayées, à montrer, si ce n'est démontrer, que la Bible est le résultat de centaines de mains, sur des centaines d'années, ajoutant, modifiant, retranchant. Ces chercheurs ont-ils besoin de prouver ces imperfections pour renforcer une quelconque idéologie ou ne sont-ils mus que par la recherche de la vérité ?

Les générations de l'époque du Prophète ne disposaient que du Qur'ân pour mettre en doute l'authenticité des écritures saintes chrétiennes[67].

---

[65] Plus proche compagnon et successeur du Prophète. Il n'a régné que deux ans (632-634) et fut emporté par la maladie (et sans doute par la peine de ne plus être aux côtés du Prophète).
[66] Pluriel de *hâfizh* (réciteur du Qur'ân).
[67] Il est préférable de parler « d'écritures » plutôt que de « Bible » ; la Bible

Ces doutes se trouvent corroborés par toutes les recherches menées ces deux derniers siècles.

Cela dit, les fondements du sunnisme et du chiisme, les imams des quatre grandes écoles juridiques et théologiques sunnites[68], leur travail de décodification des deux références que sont le Qur'ân et la *Sunna*[69], ignorent les Evangiles et la Thora, ne justifient pas leurs orientations par le fait que ceux-ci aient été altérés ou falsifiés. Il n'est nul besoin de faire des investigations poussées pour se rendre compte que seule une infime minorité de musulmans s'intéressent à la Bible. En général ceux qui s'investissent dans des études comparées sont des juifs ou chrétiens convertis ; ils sont souvent en première ligne pour soutenir que Muhammad est annoncé dans les écritures antérieures.

Le Qur'ân précise que Dieu a transmis Sa Parole à Ibrâhîm (Les Feuillets d'Abraham), à Mûsâ (La Thora), à Dâwûd (Les Psaumes ou *Zabûr*), à ïssâ (l'Evangile). Les transcriptions qui nous sont parvenues sont-elles conformes à cette Parole ? Certains passages de ces livres demeurent douteux pour le musulman lorsqu'ils sont en conflit avec sa propre vision de Dieu, mais il est conscient que l'esprit de Dieu plane sur ces écritures, que le divin y côtoie l'humain. Le verset coranique qui mentionne simultanément tous ces écrits, les cite dans un ordre chronologique inversé suggérant la prééminence du dernier sur les précédents : « *Et ne discutez avec les gens des Ecritures que de la meilleure façon, sauf ceux d'entre eux qui sont injustes. Et dites : « Nous*

---

telle que nous la connaissons aujourd'hui n'existait pas à l'époque du Prophète ni dans les siècles qui ont suivi, et encore moins sa traduction en arabe.

[68] Abû Hanîfa, Mâlik ibn Abas, Abû Ash'Shâfi'î et Ahmad ibn Hanbal.

[69] Tradition prophétique.

croyons en ce qu'on a fait descendre vers nous et descendre vers vous, tandis que notre Dieu et votre Dieu est le même, et c'est à Lui que nous nous soumettons »[70].

Les versets qui évoquent des « vérités cachées » sont cependant sans équivoque :

Et ne mêlez pas la vérité avec le mensonge, ni ne cachez sciemment la vérité[71].

Malheur donc à ceux qui écrivent le Livre de leurs propres mains et qui disent ensuite « Ceci vient de Dieu ! » pour le troquer à vil prix. Malheur à eux pour ce que leurs mains ont écrit, et malheur à eux pour ce qu'ils en tirent[72].

Ou dites-vous qu'Abraham, Ismaël, Isaac et Jacob et les tribus étaient juifs ou chrétiens ? Dis : « Connaissez-vous mieux ou êtes-vous Dieu ? » Et qui est plus injuste que celui qui cache un témoignage qu'il a reçu de Dieu ? Dieu n'ignore pas ce que vous faites[73].

Ceux à qui nous avons donné l'Ecriture le reconnaissent [cette révélation] comme ils reconnaissent leurs propres enfants.[74]

Cacher une vérité peut signifier surcharger un texte au point d'en transformer le sens premier[75], ou éradiquer une ambiguïté pour

---

[70] *Qur'ân 29,46*

[71] *Qur'ân 2,42*

[72] *Qur'ân 2,79*

[73] *Qur'ân 2,140*

[74] *Qur'ân 2,146*

[75] C'est l'exemple que donnent des spécialistes sur le concept d' « intercesseur », dont le sens d'être humain a été transformé en « Saint Esprit » par ajout de versets.

proposer sa propre compréhension ou croyance. En dehors des faits de disparition de termes ou transformation de nom propre en nom commun (tel que le nom du Prophète, ainsi que le soutiennent certains auteurs), le problème majeur est celui de l'interprétation des textes. A plusieurs endroits des évangiles, Jésus se présente comme serviteur d'une Force invisible, prêchant uniquement aux descendants de Jacob ; à d'autres endroits il est l'unique voie vers Dieu. Cette voie unique est-ce toujours uniquement pour les descendants de Jacob (puisque tout l'enseignement de Jésus est intégralement et exclusivement adressé à des juifs), ou le périmètre de la mission a-t-il changé entre les deux propos ? Chacun y va de son interprétation.

Les esprits christianisés ont beau donner des explications, pour le chercheur, pour le linguiste, ce sont des contradictions, des changements brutaux qui tiennent soit à des initiatives de scribe, soit à des changements de scribe.

Dr. Bart D Ehram (professeur de religions à l'université North Caroline, à l'autorité reconnue dans le domaine de l'exégèse biblique) soutient qu'il y a plus de contradictions entre les sources manuscrites qui ont servi de matériaux à la production des évangiles qu'il n'y a de mots dans ces évangiles. Dans son ouvrage *Misquoting Jesus, The story behind who changes the bible and why*, il affirme ce qu'aucun historien ne peut infirmer : non seulement nous ne disposons pas des originaux des évangiles, mais nous ne disposons pas des « copies des copies des copies des copies » des originaux. Toutes les copies en notre possession datent de plusieurs siècles après les « originaux ».

La rédaction des premiers textes semble dater d'environ soixante-dix ans après Jésus et les derniers d'environ cent ans après Jésus, mais ce ne sont là que des hypothèses non vérifiables ; les « fragments » de copies les plus anciennes datent d'aux moins deux siècles plus tard[76] et le premier manuscrit « complet »[77], d'un livre de la collection, d'au moins quatre siècles plus tard, et toutes ces copies sont différentes les unes des autres en milliers d'endroits.

On avance globalement le chiffre de vingt-quatre mille « morceaux » de parchemins et manuscrits dont aucun ne ressemble à l'autre.

Quoi de plus naturel que des contradictions dans une compilation de plusieurs ouvrages rédigés par divers auteurs. Le Qur 'ân appelle à sa propre analyse : *Ne méditent-ils donc jamais le Qur'ân ? S'il émanait d'un autre que Dieu, n'y trouveraient-ils pas de multiples contradictions ?[78]*.

---

[76] Dont le fameux « fragment de papyrus » P52.
[77] *Evangile selon Marc*
[78] *Qur'ân 4,82*

II.3 De l'intégrité des évangiles

Les manuscrits, en langue grecque, à l'origine de ce qu'on appelle aujourd'hui les évangiles, ne sont écrits ni par des témoins visuels, ni par des individus ayant connu ces témoins visuels. Ils sont tous anonymes et postérieurs à ces générations. Les titres *Marc, Matthieu, Luc, Jean* ont été ajoutés plus tard par les éditeurs.

Pourtant la croyance populaire veut que l'*Evangile selon Matthieu* soit écrit par le compagnon de Jésus nommé Matthieu, l'*Evangile selon Jean* par le compagnon de Jésus nommé Jean, les deux autres évangiles par Marc et Luc, qui ont connu des témoins visuels. Aucun ancien manuscrit ne revendique provenir d'un ces « personnages ». C'est uniquement la tradition, issue des pères de l'église, qui a fait le choix d'associer ces noms à ces textes, et de les faire précéder par le titre « saint » (« Saint Jean », « Saint Luc », ...), pour mieux sacraliser les témoignages qui leur sont attribués.

Les jours qui suivirent la crucifixion, Rome régnait toujours sur Jérusalem, les compagnons de Jésus étaient toujours juifs ; nulle église, nul prêtre. Au fil des années, des histoires sur un prénommé, en grec, « Eshoa » ou « Yshoa », ont circulé, contribuant à le rendre de plus en plus célèbre ; elles sont parvenues, on ne sait exactement comment, à des auteurs anonymes écrivant en grec. La forme et le contenu de leurs manuscrits suggèrent qu'ils sont des copies. Il est donc probable qu'il y ait eu des originaux, en araméen ou en hébreu, mais leur existence ne peut être que supposée et non prouvée.

L'imprimerie n'existant pas, la seule façon de multiplier un document était de le retranscrire. Un copiste pouvait alors juger intéressantes des notes personnelles du copiste précédent et les insérer dans le corps du texte, ajouter ses propres notes, plus tard reprises dans le texte par le copiste suivant, produisant ainsi un empilement d'ouvrages différents les uns des autres, comportant des innovations dues à la transmission orale et la copie, et s'éloignant de plus en plus à la fois du propos et des circonstances d'origine.

Quant au corpus sur lequel se fonde l'orthodoxie musulmane, il est fait de trois sources : le Qur'ân, les Hadits - propos, faits et gestes du Prophète rapportés par plusieurs chroniqueurs dont les principaux pour le monde sunnite sont Bukhârî et Muslim – et la biographie du Prophète (*la Sîra*[79]) également répartie sur plusieurs volumes de plusieurs auteurs. De ces trois sources, vastes par la multiplicité et la fécondité des auteurs, le Qur'ân est l'unique matériau pour lequel nul doute n'est possible sur son authenticité intégrale, suivi sur l'échelle de la rigueur par les Hadîths, jugés plus fiables que la Sîra, du fait des chaînes de transmission adossées à chaque hadîth, chaînes précisant la liste des personnes ayant participé à faire connaître le hadîth, de celui qui était avec le Prophète au moment de l'événement à celui qui en a informé l'auteur du hadîth.

Maurice Bucaille, dans son livre *La Bible, Le Coran et la Science*, est sans doute le premier à montrer d'une part les similitudes entre Hadîths et Evangiles, et d'autre part l'inexistence, dans le christianisme comme dans le judaïsme, d'un procédé équivalent à celui qui a présidé à la préservation, lettre par lettre, du Qur'ân.

---

[79] La plupart des biographies modernes du Prophète (dont celles de Martin Hings et Muhammad Hamidullah) puisent leurs sources dans celles, beaucoup plus fournies, d'ibn Ishâq, ibn Hichâm, Tabarî, ibn Sa'äd.

Les Hadîths n'ont pas été rédigés du vivant du Prophète, tout comme les Evangiles ne l'ont pas été du vivant de Jésus. Le Prophète n'a pas apposé son sceau sur les Hadîths, tout comme Jésus n'a jamais vu les Evangiles (les textes l'auraient mentionné si c'était le cas).

La prudence des musulmans vis-à-vis des évangiles est comparable à leur vigilance vis-à-vis des hadîths. Il est des hadîths qui vont à l'encontre de l'esprit du Qur'ân, tout comme il est des versets des évangiles que l'on superpose difficilement entre eux ou avec d'autres versets de l'Ancien Testament. Dire que les nombreux livres de la Bible, dont la plupart ne sont ni œuvres de prophètes, ni œuvres de saints, dire que les Evangiles sont intégralement la parole de Dieu, ou la parole inspirée par Dieu, revient à dire que les hadîths sont tous mot pour mot la parole de Muhammad, ou que la Sîra est heure par heure la vie de Muhammad.

Il demeure pourtant une différence majeure entre les Hadîths et les Evangiles, car aucun des propos attribués à Jésus, en rouge dans certains livres, n'est précédé d'une chaîne de transmission.

La chaîne de transmission est le principe fondateur de la science du hadîth. C'est elle qui permet de conférer un degré de fiabilité au hadîth. Plus les maillons de cette chaîne sont des personnes réputées sincères, honnêtes, plus le hadîth sera considéré. Il suffit que la chaîne soit entrecoupée par des vides, ou qu'un seul de ses maillons soit connu pour une parole fausse ou le moindre méfait pour que ce hadîth perde toute crédibilité. Les textes produits par les chroniqueurs arabes sont si considérables que les personnalités des milliers de personnages à la Mecque et à Médine ayant joué un rôle autour du Prophète, de ses compagnons, ou des générations qui ont suivi, sont connues dans le détail par les auteurs de recueils de hadîths.

Le plus réputé de ces auteurs, Bukhârî (Perse ayant vécu deux siècles après le Prophète), lors de ses travaux herculéens, a recensé plus de trois cent mille hadîths, mais n'en a retenu que sept mille cinq cent soixante-trois dans son ouvrage *Sahîh*. Malgré toutes ces précautions, l'établissement de tous ces critères de sélection, un hadîth ne peut être considéré comme une parole sacrée, fussent tous les membres de sa chaîne de transmission jugés irréprochables.

Chaque grande religion repose sur un Livre et un homme qui en est le Messager. Le minimum attendu est que le Messager valide le Livre. Est-ce l'Esprit Saint qui a contrôlé la rédaction des Evangiles ? Les Evangiles ne le disent pas. En supposant qu'ils le disent, d'aucuns pourraient rétorquer que l'information ne peut se valider elle-même ; le processus de validation de l'information doit être externe à celle-ci, elle doit relever de la méta-information.

Les milliers de page de la *Sîra* sont une sorte de méta-information pour le Qur'ân. Ils donnent, entre autres, le contexte de révélation des versets les plus importants, identifient les personnes et situations visées par ces versets, et, partant, donnent les clés de la compréhension des versets.

La pluralité des références (Qur'ân, Hadîths, Sîra) pour le même fait permet de dissiper le brouillard et d'avoir une idée précise de tous les événements importants. Là où le Qur'ân, dans un style très condensé, évoque une question en deux ou trois mots, la Sîra et les Hadîths développent un récit. Dans cette multitude de documents, rien n'est apocryphe. Certains récits, tels ceux de Tabarî, regorgent de surnaturel, foisonnent de miracles et de descriptions discutables, cependant il n'est nulle autorité, nul clergé, nul concile, pour ordonner un canon, édicter un crédo, choisir ou rejeter des ouvrages.

Puisque Dieu s'est adressé Lui-même à l'humain, qu'Il l'a doté d'une machine que mille siècles ne suffiraient à étudier (ni à imiter), qu'Il l'a estimé doué d'intelligence pour comprendre Sa parole, nulle autorité ne peut s'interposer entre Lui et Sa créature pour donner des directions à sa foi. C'est du moins le principe du sunnisme.

Cette Parole a été portée et suivie pendant vingt-trois ans par celui que Dieu a élu pour communiquer avec les hommes, treize ans prêchant à un peuple dont les dirigeants rejetaient ses exhortations, puis dix ans enseignant à un autre peuple qui l'a accueilli et fait roi. Et ce messager, lors de son dernier exposé solennel, énumérant les grandes lignes de l'éthique, à plusieurs reprises, a demandé à la vaste assemblée s'il avait bien accompli sa mission. A partir de ce sermon d'adieu, chaque musulman est pleinement informé et libre de vivre sa foi selon sa conscience. Nulle ex-communion.

Les évêques se sont réunis et ont déclaré apocryphes, non conformes au canon, plus de soixante évangiles. Certains de ces textes donnent de Jésus des traits non compatibles avec la consubstantialité à Dieu. Il en est qui laissent entrevoir une vie normale d'homme. Il en est qui réhabilitent Judas. Il en est qui annoncent le Prophète de l'islam. Le chrétien n'est-il pas capable de faire le bon tri ? De cet amas de témoignages ne pourrait-il à lui seul dégager la véritable figure du Christ ? On lui a certes jadis quasi interdit d'accéder aux canoniques eux-mêmes, jusqu'à la rupture portée par Martin Luther.

II.4 Passages « surprenants » de la Bible

II.4.1 Plusieurs versions de la Bible (et toutes sans trinité)

La Bible, compilation des écrits de quarante auteurs sur une période de mille six cents ans, comporte plusieurs versions liées aux différentes églises. Si l'on ne se limite qu'aux plus connues, la Bible catholique et la Bible protestante, la première (version romaine) comporte soixante-dix-sept livres, la seconde (version Roi James) sept de moins.

Chacune de ces versions fait l'objet de révisions régulières, selon l'avancée des recherches. Chaque révision se veut la plus proche possible des plus anciens manuscrits ; il est pourtant des versets qui ne figurent pas dans certaines révisions, car introuvables dans les plus anciens manuscrits, puis qui font leur apparition dans une révision ultérieure sans pour autant que les sources aient changé. Il est certes délicat pour certains éditeurs d'aller contre la tradition établie.

D'autres éditions font le choix d'une transcription à quatre niveaux : les versets ou morceaux de versets confortés par une concordance des sources anciennes sont figurés sans annotation particulière ; ceux pour lesquels un doute subsiste sont entre crochets ; ceux pour lesquels l'authenticité est très faible sont entre double crochets ; ceux qui ne sont corroborés que par des sources tardives sont tout simplement éliminés.

Tu concéderas que ce ne sont pas des instituts musulmans mais bien des universités européennes qui pratiquent ces systèmes de notation et de sélection, rejoignant presque la science du hadîth initiée treize siècles plus tôt.

Deux versets, piliers de la foi chrétienne, ne figurent pas dans les révisions réputées les plus fidèles aux plus anciens manuscrits :

1 Jean 5,7-8 Ceux qui témoignent dans les Cieux sont trois : le Père, le Verbe et le Saint Esprit. Et ces trois sont un.

Jean 3,16 Car Dieu a tant aimé le monde qu'il a donné son Fils unique, afin que quiconque croit en lui ne périsse point, mais qu'il ait la vie éternelle.

L'expression « vie éternelle », souvent citée dans les Evangiles, est un choix questionnable pour désigner le paradis. La vie éternelle attend toutes les âmes après la mort, pour être puni ou récompensé[80]. Si l'on considère que dans l'antiquité plusieurs communautés ne se référaient qu'à un seul évangile, quelle compréhension pouvaient-elles avoir de ce verset *Jean 3,16* dans un texte où ne sont mentionnés ni l'enfer ni la géhenne ?

Le verset *1 Jean 5,7-8*, très équivoque, parfois traduit non avec le triplet Père-Verbe-Saint Esprit mais plutôt Esprit-Eau-Sang, est le seul verset du Nouveau Testament pouvant « suggérer » un dieu trinitaire. Il figure non dans les Evangiles (il n'est pas donc pas un propos de Jésus) mais dans les Autres Epîtres. Des spécialistes l'attribuent, de manière incertaine, à une note laissée par le scribe Vigilius de Thapsus. Toujours est-il que ce verset soit retenu ou non, nul enseignement dans la bouche de Jésus pouvant laisser entendre un dieu trinitaire.

---

[80] *Matthieu 25,46 « Et ceux-ci iront au châtiment éternel, mais les justes à la vie éternelle ».*

II.4.2 La Thora

La Thora regroupe les cinq premiers livres de l'Ancien Testament. Elle a parmi ses ambitions, dès les premiers versets, de décrire la création des cieux et de la terre. Ces versets ont tant fait l'objet d'objections dans le milieu scientifique[81] que, dans les conclusions de son concile Vatican II[82], l'église reconnaît qu'ils ne doivent être considérés comme la Parole de Dieu, mais comme des textes inspirés ponctués d'imperfections[83].

Selon la croyance juive, la Thora a été rédigée par Moïse. Comment expliquer alors que Moïse parle lui-même de sa mort et de son enterrement[84] ?

---

[81] Selon la Bible notre monde a été créé vers 3760 avant Jésus Christ.

[82] 1962-1965. Le même concile qui, en quelque sorte, ôte à la Bible son statut de « parole divine », reconnait l'islam religion monothéiste conforme à la lignée des prophètes précédents (« L'Église regarde aussi avec estime les musulmans, qui adorent le Dieu unique, vivant et subsistant, miséricordieux et tout-puissant, créateur du ciel et de la terre, qui a parlé aux hommes (...) Bien qu'ils ne reconnaissent pas Jésus comme Dieu, ils le vénèrent comme prophète ; ils honorent sa Mère virginale, Marie, et parfois même l'invoquent avec piété ». Le musulman ne peut que saluer ces mots d'une grande amabilité, rédigés essentiellement pour déconstruire l'idée que se font les fidèles chrétiens de l'islam. Toutefois, malgré toute l'immense considération qu'il a pour Maryam (Marie), le musulman ne peut l'invoquer dans ses prières, ni elle ni aucun être humain.

[83] « Ces livres [de l'Ancien Testament], bien qu'ils contiennent de l'imparfait et du caduc, sont pourtant les témoins d'une véritable pédagogie divine. C'est pourquoi les fidèles du Christ doivent les accepter avec vénération : en eux s'exprime un vif sens de Dieu ; en eux se trouvent de sublimes enseignements sur Dieu, une sagesse salutaire au sujet de la vie humaine, d'admirables trésors de prières ; en eux enfin se tient caché le mystère de notre salut. »

[84] *Deutéronome 34,5-6 Moïse, serviteur de l'Éternel, mourut là, dans le pays*

La thèse la plus plausible est celle de l'écriture de la Thora par plusieurs scribes avant et après le premier exil ayant suivi la destruction du Temple.

Il n'existe à ce jour aucune donnée archéologique du premier temple de Jérusalem, le temple de Salomon selon les écritures, mais l'Ancien Testament remonte sa destruction par les armées babyloniennes de Nabuchodonosor vers -586. Or, au centre de ce temple, se dressait l'Arche de l'Alliance conclue entre Moïse et Dieu.

1 Rois 8,6 Les sacrificateurs portèrent l'Arche de l'Alliance de l'Éternel à sa place, dans le sanctuaire de la maison, dans le lieu très saint, sous les ailes des chérubins.

Et dans cette arche est contenue la loi de Dieu donnée à Moïse.

1 Rois 8,9 Il n'y avait dans l'arche que les deux tables de pierre, que Moïse y déposa en Horeb, lorsque l'Éternel fit alliance avec les enfants d'Isrâ'îl, à leur sortie du pays d'Égypte.

Exode 25 Tu placeras dans l'arche la charte que je te donnerai.

On est tenté d'en déduire que si le Temple est détruit, avec lui sera détruite l'Arche et donc les Tables de la Loi. Or, un livre de la bible catholique (non reconnu par les juifs et les protestants) précise qu'avant cette destruction (celle-ci ayant été prophétisée) l'arche a été cachée dans un endroit secret par le prophète Jérémie.

---

de Moab, selon l'ordre de l'Éternel. Et l'Éternel l'enterra dans la vallée, au pays de Moab, vis-à-vis de Beth Peor. Personne n'a connu son sépulcre jusqu'à ce jour.

2 Maccabées 2,5 Arrivé là, Jérémie trouva une habitation en forme de grotte et il y introduisit la tente, l'arche, l'autel des parfums, puis il en obstrua l'entrée.

Que cette arche soit détruite ou cachée, elle contient une partie de la Thora, ce qui rend admissible l'hypothèse de la disparition d'une partie de la Thora.

A la destruction du temple succède l'exil du peuple juif à Babylone (actuel Irak). Il en revient vers -537, soit après un demi-siècle d'exil. Et parmi ceux qui reviennent, la Bible mentionne Ezra comme étant l'un des principaux acteurs, sinon le principal, de la réunification du peuple juif, et le leader d'une assemblée d'une centaine de personnes chargées de l'écriture et la réécriture de textes, dont, tout laisse à penser, les tables de la loi, réécriture basée sur la mémoire des connaisseurs.

La Thora serait donc entièrement ou partiellement écrite durant cette période.

II.4.3 La Genèse

Un grand nombre de passages de la Thora surprennent par le caractère humain qu'ils donnent à Dieu : un être qui « cherche » dans un jardin « sans trouver », dont les « fils » prennent des épouses parmi les filles des hommes, un « homme » qui « lutte toute la nuit » avec un prophète, ou qui se présente à Abraham « accompagné » de deux autres hommes.

Alors ils entendirent la voix de l'Éternel Dieu, qui parcourait le jardin vers le soir, et l'homme et sa femme se cachèrent loin de la face de l'Éternel Dieu, au milieu des arbres du jardin[85].

Les fils de Dieu virent que les filles des hommes étaient belles, et ils en prirent pour femmes parmi toutes celles qu'ils choisirent[86].

Les géants étaient sur la terre en ces temps-là, après que les fils de Dieu furent venus vers les filles des hommes, et qu'elles leur eurent donné des enfants : ce sont ces héros qui furent fameux dans l'antiquité[87].

L'Éternel lui apparut parmi les chênes de Mamré, comme il était assis à l'entrée de sa tente, pendant la chaleur du jour[88].

Il dit encore : ton nom ne sera plus Jacob, mais tu seras appelé Israël ; car tu as lutté avec Dieu et avec des hommes, et tu as été vainqueur[89].

Jacob appela ce lieu du nom de Peniel : car, dit-il, j'ai vu Dieu face à face, et mon âme a été sauvée[90].

II.4.4 Les Autres Epîtres

Le Nouveau Testament va jusqu'à évoquer la « semence » de Dieu.

---

[85] *Genèse 3,8*
[86] *Genèse 6,2*
[87] *Genèse 6,4*
[88] *Genèse 18,1*
[89] *Genèse 32,28*
[90] *Genèse 32,30*

Quiconque est né de Dieu ne pratique pas le péché, parce que la semence de Dieu demeure en lui ; et il ne peut pécher, parce qu'il est né de Dieu[91].

---

[91] *1 Jean 3,9*

II.4.5 Les Evangiles

La femme adultère

L'*Evangile selon Jean* rapporte une scène où des pharisiens et des scribes se saisissent d'une femme surprise en flagrant délit d'adultère, la rapportent à Jésus pour éprouver son respect de la Loi. Jésus leur lance alors :

Jean 8,7 « Que celui de vous qui est sans péché jette la première pierre contre elle. »

Cet épisode appelle une multitude d'observations. Il ne figure pas dans les manuscrits les plus anciens. Pour quelles raisons des autorités du Temple, les pharisiens, s'adressent-elles à une personne dénuée de toute autorité – au sens temporel - pour lui demander la sanction à appliquer ? La Thora prévoit une punition pour l'homme et la femme. Où se trouve le compagnon de cette femme ? La Thora n'édicte pas que ceux qui procèdent à la lapidation doivent être sans péchés. Tout homme étant par essence couverts de péchés (c'est la base même du christianisme), une telle contrainte rendrait la loi inapplicable. De telles paroles dans la bouche d'un juge d'un jour sont certes empreintes de clémence, mais, dans la bouche d'un dieu fait homme, elles revêtent un caractère « éternel » préjudiciable. En le rendant non condamnable par les humains, en « égalisant » tous les péchés (le menteur ou le fraudeur de balance ne pouvant punir l'homme ou la femme adultère), ce péché, et tous les autres, ne s'en trouvent-ils pas encouragés ? D'autant que le dieu qui l'a voulu impuni meurt sur la croix pour que ce péché, et tous les autres, soient effacés. Que devient alors une société où l'adultère perd son immoralité ?

Et surtout comment réconcilier cette parole avec les avertissements
« *il ne disparaîtra pas de la loi un seul iota …* »[92] , « *celui qui supprimera
l'un de ces plus petits commandements et qui enseignera aux hommes
à faire de même …* »[93] , « *si votre justice ne surpasse celle des scribes et
des pharisiens, vous n'entrerez point dans le royaume des cieux…* »[94],
etc.

Pour tout croyant, un messager de Dieu (ou Dieu Lui-même) ne peut
s'opposer à l'application d'une loi provenant de Dieu sans indiquer
clairement que cette Loi est abolie, que les conditions qui ont prévalu à
sa révélation sont révolues.

Ce passage sur la femme adultère est ainsi récusé par les exégètes
chrétiens eux-mêmes. Ils rejoignent ceux qui estiment qu'il a été
« fabriqué », et militent pour des Evangiles épurés de récits prêtant si
facilement le flanc.

Le Qur'ân[95] et les hadîths relatent un fait quasi similaire, plus d'un
demi millénaire plus tard, à Médine, des juifs soumettant au prophète
Muhammad un cas d'adultère dans leur communauté. En sa qualité de
roi de Médine, ils lui demandent la sentence à appliquer. Selon les
hadîths, qui détaillent le fait, les deux coupables, homme et femme,
sont présents. Le Prophète demande alors aux Juifs l'application stricte
de la Thora. Le Qur'ân laisse entendre que les Juifs de Médine

---

[92] *Matthieu 5,18*
[93] *Matthieu 5,19*
[94] *Matthieu 5,20*
[95] *Quran 5,43 Comment viennent-ils à toi pour un jugement quand ils ont la
Thora, dans laquelle Allâh a rendu les jugements ? Pourtant, même après
cela, ils se détournent. De tels gens ne sont pas croyants.*

espéraient du prophète Muhammad l'application d'une loi autre que la Thora[96].

Messie des Juifs ou messie de l'humanité

A *Matthieu 10,5-6*[97] et *Matthieu 15,24*[98], entre autres, Jésus précise qu'il n'a été envoyé qu'aux « brebis perdues de la maison d'Israël », et cette limitation est rappelée aux douze disciples envoyés propager la bonne parole.

A *Matthieu 7,6*[99] il interdit de « donner les choses saintes aux chiens ». A la femme païenne qui le supplie de soigner sa fille, il ne lui répond

---

[96] La sentence islamique concernant l'adultère est pour beaucoup de spécialistes un débat à rouvrir, tandis que pour les autres il a été tranché par les prédécesseurs, et le temps, un millénaire et cinq siècles après le Prophète, n'est plus aux débats mais à l'application. Les premiers se basent sur le fait que le Qur'ân, référence suprême, ne condamne pas l'adultère de mort, mais le punit de coups de fouet, cependant qu'il exige quatre témoins visuels – ce qui est matériellement quasi impossible – et punit également de coups de fouet les faux témoins. Tandis que les seconds s'appuient sur la tradition prophétique relatant trois cas d'adultère pour lesquels le Prophète a requis la lapidation (les récits précisent que ce sont toujours les coupables qui viennent insister auprès du Prophète pour subir la punition, l'une d'elle insistant pendant plus de deux ans, de son état de grossesse comme conséquence de l'adultère jusqu'au sevrage de l'enfant).

[97] *Matthieu 10,5-6 Tels sont les douze que Jésus envoya, après leur avoir donné les instructions suivantes : N'allez pas vers les païens, et n'entrez pas dans les villes des Samaritains ; allez plutôt vers les brebis perdues de la maison d'Isrâ'îl.*

[98] *Matthieu 15,24 Il répondit : « Je n'ai été envoyé qu'aux brebis perdues de la maison d'Isrâ'îl ».*

[99] *Matthieu 7,6 Ne donnez pas les choses saintes aux chiens, et ne jetez pas vos perles devant les pourceaux, de peur qu'ils ne les foulent aux pieds, ne se*

pas mais précise à ses compagnons qu'il n'a été envoyé qu'aux « brebis perdues de la maison d'Israël » ; et comme la païenne persiste, prosternée, il lui répond avec la même image du chien : « Il n'est pas bien de prendre le pain des enfants, et de le jeter aux petits chiens »[100].

Fabrice : Dans Luc 24,46-47, Jésus dit : « Ainsi est-il écrit que le Christ souffrirait et ressusciterait d'entre les morts le troisième jour, et qu'en son nom le repentir en vue de la rémission des péchés serait proclamé à toutes les nations, à commencer par Jérusalem ».

L'idée donc, soutenue par le dogme, est que le messie commence exclusivement par les juifs pour qu'ensuite eux-mêmes propagent le message au monde entier.

Or cette idée d'universalité n'apparait toujours qu'à la fin des évangiles. Avant de mourir Jésus n'est venu que pour les juifs, et il insiste fortement sur les limites de cette mission, il ne dit pas que ces limites sont temporaires, et quand il est ressuscité brusquement le message change de nature.

C'est ce type de note apothéotique finale qui est souvent reproché aux évangiles. A l'image de l'*Evangile selon Marc* qui se termine par un chapitre considéré aujourd'hui comme « surajouté » par les hommes d'église eux-mêmes.

Certes le verset *Matthieu 28,19* proclame : « *Allez, faites de toutes les nations des disciples, les baptisant au nom du Père, du Fils et du Saint Esprit* ». Or, lorsque deux faits s'opposent dans un ouvrage (mission réduite contre mission étendue), on a plus tendance à se fier au fait qui

---

retournent et ne vous déchirent.
[100] *Matthieu 15,22-27*

a le plus grand nombre d'occurrences, d'autant que le concept d'abrogation ne s'applique pas aux évangiles. Et la mission réduite se retrouve le long de l'ouvrage, de manière explicite et implicite, tandis que la mission étendue est isolée à la fin de l'ouvrage. L'argument de « commencer par les Juifs pour ensuite prolonger aux autres » est ici clairement contredit par la fermeté des expressions « n'allez pas... » ou encore « je n'ai été envoyé qu'aux... ».

Cette notion de baptême « au nom du Père, du Fils et du Saint Esprit » n'apparait ici également qu'à la fin de l'ouvrage. Nulle part, dans le corps de l'*Evangile selon Matthieu* ou dans les trois autres évangiles canoniques, Jésus, ou Jean-Baptiste, ou un apôtre, n'a procédé à un tel type de baptême. Excepté celui-ci, chaque fois qu'un baptême est mentionné il est d'eau, du Saint Esprit et parfois de feu.

Enfin, dans le contexte du Nouveau Testament, l'expression « *toutes les nations* » ne signifie pas nécessairement « toute l'humanité » mais prend plutôt le sens de « toutes les tribus d'Israël ». Les tribus d'Israël sont au nombre de douze, et leurs membres sont dispersés, vaste diaspora depuis la destruction du Temple. Un verset des *Actes* en témoigne :

Actes 2,5 Or, il y avait en séjour à Jérusalem des Juifs, hommes pieux, de toutes les nations qui sont sous le ciel.

Cela dit, libre aux non juifs d'hier ou d'aujourd'hui d'adopter ce message, là n'est pas le propos. Le propos est « le périmètre de la mission de Jésus ». La païenne rejetée par Jésus ouvre cette perspective dans une réponse pleine de sagesse :

Matthieu 15,27 Oui, Seigneur, mais les petits chiens mangent les miettes qui tombent de la table de leurs maîtres.

Quant au Qur'ân, sa définition de la mission de Jésus est « claire et constante » :

Qur'ân 43,59 Jésus n'était qu'un serviteur auquel Nous avons accordé Notre grâce et dont Nous fîmes un exemple pour les enfants d'Isrâ'îl.

Qur'ân 61,6 Souviens-toi également de Jésus, fils de Marie, qui disait : « Ô fils d'Isrâ'îl, je suis le messager de Dieu envoyé vers vous. Je viens confirmer la Thora qui m'a précédé (...) »

Qur'ân 3,49 Puis il sera Son envoyé auprès des fils d'Isrâ'îl à qui il dira : « Je vous apporte comme signe de la part de votre Seigneur la faculté qu'Il m'a donnée de façonner avec de la terre glaise la forme d'un oiseau qui sera vivant, par la grâce de Dieu (...), par la permission de Dieu. ».

Le sépulcre de Jésus

Les manuscrits en grec les plus anciens de l'*Evangile selon Marc* se terminent sur ce qui est aujourd'hui le verset *Marc 16,8 :* Marie de Magdala et Marie, mère de Jacques, au premier jour de la semaine (dimanche), après la crucifixion, entrent dans le sépulcre pour embaumer le corps, ne l'y trouvent pas, mais y rencontrent un homme vêtu de blanc qui leur demande de dire aux disciples que Jésus les rencontrera en Galilée. Elles s'enfuient, saisies d'effroi. Là se terminent tous les plus anciens manuscrits[101] ; nul récit, comme dans les

---

[101] Dont le *Codec Vaticanus.*

évangiles actuels, de Jésus ressuscité rencontrant les disciples. Il s'est agi là, comme souvent dans les évangiles, de ne pas finir sur une note pessimiste. Or *Marc* est reconnu comme le plus ancien des évangiles ; *Matthieu* et *Luc,* les deux autres évangiles synoptiques, n'en étant que des copies différenciées.

II.4.6 Evangile au singulier

Le Qur'ân mentionne l'Evangile (*Indjîl*) une douzaine de fois, mais toujours au singulier. Car ce ne sont pas les évangiles tels que nous les connaissons aujourd'hui qui y sont évoqués. Le message de Jésus aux descendants d'Israël est homogène, intègre, cohérent ; il n'a pas été livré en différentes versions. Cette pluralité de versions n'est apparue qu'après Jésus, par le travail imparfait de collecte et rédaction des hommes.

Qur'ân 5,110 « Ô Jésus, fils de Marie, dira le Seigneur, rappelle-toi les bienfaits dont Je vous ai comblés, ta mère et toi, quand, t'ayant soutenu par le Saint-Esprit, tu parlais aux gens, dans ton berceau comme lorsque tu devins adulte, quand Je t'ai appris le Livre, la Sagesse, la Thora et l'Évangile (...) ».

Cet évangile, au singulier, appris à Jésus par Dieu, est également cité dans *Marc* :

Marc 1,14 Après que Jean [-Baptiste] eut été livré, Jésus alla dans la Galilée, prêchant l'Evangile de Dieu.

Dans le Qur'ân, comme dans cet extrait de *Marc*, il s'agit d'un évangile unique, transmis par Jésus lui-même de son vivant, et non d'évangiles rédigés après lui par d'autres personnes.

Quant au propos coranique « *quand Je t'ai appris le Livre, la Sagesse, la Thora* » on en trouve également un pendant dans *Jean* :

Jean 7,15 Les Juifs[102] *s'étonnaient, disant : Comment connaît-il les Ecritures, lui qui n'a point étudié ?*

Jean 7,16 Jésus leur répondit : Ma doctrine n'est pas de moi, mais de celui qui m'a envoyé.

II.5 Les fameuses autres versions du Qur'ân

Fabrice : L'islam prétend que le Coran est unique, incréé et infalsifiable. Cela n'explique pas les différentes versions du Coran qui ont existé. Il y a la version actuelle du Coran, qui a été formée sur ordre du Calife Othman par des groupes de croyants sous ses ordres. Ils ont réuni les tablettes de bois et omoplates de chameaux sur lesquels étaient gravés les récitations de Mohammed. D'autres témoins ayant vécu avec Mohammed ont grâce à leurs souvenirs aussi participé à l'élaboration de ce Coran.

Pourquoi le calife Othman a-t-il fait détruire tous les exemplaires non conformes au Coran adopté par lui ? Les copies d'Ali, gendre de Mohammed, celle d'Ubay ibn Ka'b ainsi que celle d'Ibn Mas'ud.

---

[102] On ne pourrait manquer de noter cette façon, dans les évangiles traduits, de désigner les interlocuteurs de Jésus par le vocable « les Juifs ». Cette façon de faire introduit chez le lecteur une différenciation entre Jésus et ses compagnons d'un côté et le reste de la population (notamment les représentants du culte) de l'autre. Or, à ce moment du récit, Jésus, ses compagnons, et, sans doute, les premiers scribes, sont tous juifs, au même titre que le reste de la population, et ne remettent pas en cause leur identité juive.

Quelques musulmans, certes très minoritaires, pointant du doigt la multiplicité de versions de la Bible (la Protestante, la Catholique, L'Orthodoxe, L'Ethiopienne, ...), la multiplicité de révisions pour chaque version, les nombreuses contradictions dans les textes, quelques chrétiens, à leur tour, et sans doute minoritaires, avancent que si aujourd'hui il n'est qu'un seul Qûr'an, dans le passé il en a existé d'autres versions et que celles-ci ont toutes été détruites par le khalife Üthmân. Détruire toute trace de verset coranique dans un espace allant, sans discontinuer, d'au-delà la Perse jusqu'à l'Afrique du Nord, n'ayant pour limites que l'écume des mers et océans, est une tâche bien rude ; de même, dans ce vaste territoire, s'il y avait un seul parchemin contenant des versets différents de ceux que l'on connait aujourd'hui, on l'aurait exhibé depuis. Mais de telles accusations de la part de chrétiens défendant leurs écrits saints est la plus naturelle des réactions.

Toutefois, toute comparaison suppose un minimum de similitude. Or, contrairement aux Evangiles, et à la Bible en général, le Qûr'an est avant tout une parole récitée, en solitaire comme en assemblée, utilisée dans les prières, chaque unité de prière étant réalisée avec plusieurs extraits de sourates (ou des sourates entières, telles les prières du Prophète parfois si longues que les jambes des fidèles en tombaient). L'écrit n'a été que la transcription du contenu des poitrines.

La sagesse d'hommes extrêmement pieux et avisés ne voudrait-elle pas que le Qur'ân soit entouré d'infiniment plus de précautions que les livres saints antérieurs ? Les erreurs ou manquements du passé doivent-ils se répéter indéfiniment ou la nature humaine n'est-elle pas prompte à apprendre des prédécesseurs et éviter les travers de l'impréparation ? Médine ne s'est-il pas prémuni de ce qui est arrivé à Jérusalem ? Le prophète Muhammad et ses compagnons étaient fortement conscients du dernier legs qu'ils laissaient à l'humanité, d'où une rigueur et une exigence qui n'ont pas prévalu dans les missions prophétiques précédentes.

La fragilité de bien de passages de la Bible, la multiplicité des finales (telles celles de *Marc*), n'ont-elles pas été prouvées par les investigations de départements d'université spécialisés dans l'analyse des manuscrits anciens ? Le Vatican lui-même n'a-t-il pas reconnu « l'imperfection humaine » des auteurs de la Bible ? Et, surtout, n'est-ce pas le plus grand des paradoxes que de répondre aux observations des musulmans en leur retournant ces mêmes observations tout en ne puisant ses arguments que dans les sources musulmanes elles-mêmes ? Car, contrairement au cas de la Bible où les découvertes sur ses versions et contradictions proviennent de la recherche, pour le Qur'ân tout le matériau dont on dispose pour comprendre son élaboration se trouve dans la tradition musulmane, nul parchemin ou manuscrit trouvé dans des décombres. Et force est de reconnaître que les historiens et chroniqueurs de cette tradition n'ont rien dissimulé, puisqu'aujourd'hui il en est qui se servent de leurs récits pour brandir des Qur'ân - fictifs - d'Älî ibn Abû Tâlib, d'Äbdâllâh ibn Mas'ûd, d'Ubay ibn Ka'b - que Dieu soit satisfait d'eux -, tous compagnons du Prophète, de première heure selon leur lieu (la Mecque pour Älî et ibn Mas'ûd, Médine pour Ubay), tous liés entre eux par la foi et la piété, tous *hufâzh* (connaisseurs du Qur'ân entier).

Faut-il, à l'image des Evangiles, que l'on ait nécessairement un *Qur'ân selon Üthmân ibn Äffân*, un *Qur'ân selon Älî ibn Abû Tâlib*, un *Qur'ân selon Äbdâllâh ibn Mas'ûd*, un *Qur'ân selon Zayd ibn Thâbit*, un Qur'ân selon chaque scribe ? Faut-il préciser qu'il ne s'agit pas là de simples compagnons, sans autorité particulière sur la communauté, comme ce fut le cas pour les compagnons de Jésus ? Üthmân portait le titre d'*amir al muminin* (émir des croyants) ; il était donc, durant son khalifat, le seul à pouvoir donner l'ordre de la rédaction du Qur'ân en plusieurs exemplaires. Cette noble tâche est revenue à celui que le Prophète appelait « le plus vertueux » d'entre les musulmans, celui envers qui Dieu éprouve un respect quasi humain. L'admiration et l'affection du Prophète pour Üthmân étaient telles qu'il a soulevé une armée contre la Mecque lorsqu'il lui a été rapporté la fausse nouvelle de l'assassinat d'Üthmân, envoyé par lui-même en émissaire dans cette cité. Il s'agit là de hadîths et de passages de la Sîra autrement plus considérés que ceux sur lesquels se basent les tenants de Qur'ân multiples.

Quel était donc précisément le dessein d'Üthmân qui faisait qu'il penchait plus pour une « version » que pour une autre ? En quoi cette « version » se distinguait-elle des autres ? En quoi pouvait-elle se différencier de cette parole récitée, psalmodiée, retenue par cœur, pendant trois décennies - dont deux en présence du Prophète - avant la création de ces sept copies de référence ? Ainsi que le dit le Qur'ân à ceux qui avancent des assertions sans fondement : « Apportez vos preuves si vous êtes véridiques ». Si aucune preuve, ou début de preuve, n'est adossée à une accusation, celle-ci devient gratuite. Que n'a-t-on cherché, en vain, depuis des siècles, des failles au Livre des musulmans.

L'expression « vulgate d'Üthmân » nous vient des orientalistes. Elle contient un sens double : elle laisse penser qu'il y a d'autres vulgates, et elle suggère que c'est Üthmân lui-même qui a décidé de son contenu. Si le terme « vulgate » est utilisé pour désigner les différentes évolutions de la Bible (de l'hébreu au latin, du grec au latin), il devient quasi impropre dans un contexte de version unique.

On affirme qu'Üthmân a fait détruire toute trace de Qur'ân autre que sa « vulgate ». Comment expliquer alors qu'on ait aujourd'hui dans nos musées des manuscrits datant de l'époque même du Prophète (manuscrits en tout point identiques au Qur'ân d'aujourd'hui) ?

Si la bible *King James* porte le nom du roi qui a décidé de sa création, il s'agit là d'une sélection de livres opérée un millénaire et des siècles après les premiers manuscrits. Si, dans le monde chrétien, des monarques (tels le roi James ou l'empereur Constantin) ont joué des rôles importants dans les orientations théologiques et les œuvres scripturaires, tenter de regarder Üthmân à travers ce même prisme relève de la méconnaissance ou de la mauvaise foi. Üthmân est avant tout un compagnon du Prophète, s'il est donc un rapprochement à faire avec le monde chrétien, son rôle est plus proche de celui d'un Aaron[103] auprès de Moïse ou d'un Simon auprès de Jésus. Commandeur des croyants, par devoir, par souci que chaque contrée de l'empire musulman, jusqu'à la plus éloignée, la moins formée à l'arabe, dispose d'un texte fidèle, il a réuni les principaux scribes du Prophète, mettant à leur tête Zayd, le mieux indiqué, le plus proche du Prophète, pour produire de gigantesques copies à remettre aux gouverneurs de ces contrées. De même que la consubstantialité du Père et du Fils n'est pas attribuée à l'empereur Constantin mais aux évêques réunis à Nicée, de même l'œuvre d'Üthmân n'a pas à être affublé du titre réducteur de « vulgate d'Üthmân ».

---

[103] Paix et bénédiction sur lui.

Ces travaux de rédaction reliée n'ont été que poursuivis sous le troisième khalife, Üthmân ; ils avaient débuté sous le premier khalife, Abû Bakr, à la demande pressante d'Ümar, futur second khalife. Les tous premiers parchemins avaient été confiés à Ümar (on était déjà allé plus loin que les omoplates et peaux de chameau). A la disparition d'Abû Bakr, et à l'avènement d'Ümar, ces parchemins ont été remis à Hafsa, fille d'Ümar. Le règne d'Ümar a été celui des grandes conquêtes ; et la mort l'a surpris (poignardé dans le dos par un non musulman en pleine mosquée). Son successeur, Üthmân, plus que tout autre khalife, a été confronté à la multiplicité et diversité des peuples rejoignant l'islam, et au risque d'initiatives de rédaction par ces peuples n'ayant jamais côtoyé le Prophète. Il a donc, de manière définitive, ordonné la finalisation des travaux de copie, avec les mêmes scribes, dont Zayd. La discipline qui a prévalu lors de leurs travaux n'a pas son pareil, chaque verset transcrit devant être confirmé par les scribes réunis, par les maîtres-réciteurs, par la copie réalisée sous Abu Bakr, par les parchemins conservés.

Si l'on veut trouver, en islam, des équivalents des « selon tel … », ils existent, du côté des recueils de hadîths : recueil de Bukhari, recueil de Muslim, recueil d'An-Nassa'i, etc. A cette grande différence que ces auteurs ne relatent pas « selon eux » mais rapportent selon des chaînes de transmission. Ni le Prophète, ni ses compagnons, n'ont jamais fait des hadîths un engagement d'authenticité. Le Prophète interdisait que l'on écrivît, devant lui, autre chose que le Qur'ân, de sorte que ni ses propos, ni son œuvre, ne prennent, auprès des fidèles, le pas sur sa mission première, le Qur'ân.

Bien de non musulmans admettent que nul livre saint n'a été constitué avec autant de rigueur que le Qur'ân. Des rabbins, et non des moindres[104], reconnaissent qu'il est Parole de Dieu ; qu'avant sa révélation ils ont toujours considéré Jésus comme un maître rabbi, mais qu'ils l'acceptent désormais comme un prophète de Dieu puisque le Qur'ân l'atteste. Lorsqu'on leur demande pourquoi ils ne se prosternent pas en direction de la Kaaba, ils répondent que le Qur'ân confirme que la Thora émane de Dieu, et qu'elle s'inscrit dans l'exaltation d'un monothéisme agréé.

Cela dit, quels sont les très minces indices, dans la *Sunna*, ayant amené esprits méticuleux, analystes au peigne fin de tous les récits, des plus considérés aux moins fiables, à émettre l'idée de Qur'ân autre que l'unique qui se trouve aujourd'hui dans les bibliothèques de toutes les écoles et courants de l'islam ?

II.5.1 Le fameux Qur'ân d'ibn Massoud

Älî ibn Abû Tâlib prévenait ses contemporains que, dans le futur, le Qur'ân ne serait pas lu mais récité, sourate après sourate, sans pause ni méditation, comme on boirait l'eau sans qu'une goutte ne demeure dans la gorge.

Ce n'était pas le cas pour les premiers musulmans. Chaque verset révélé donnait lieu à des séances d'explication par le Prophète. Chaque verset avait un sens précis pour eux, se rapportait à un contexte particulier, donnait des directions à prendre désormais dans leurs vies quotidiennes. Ils ont eu vingt-trois ans d'explications, de discussions et de débats entre eux souvent tranchés par le Prophète, la compréhension la plus immédiate n'étant pas forcément la meilleure.

---

[104] Parmi eux maître Natan'el al-Fayyumi.

Äbdâllâh ibn Mas'ûd avait alors pour habitude de consigner côte à côte à la fois les versets du Qur'ân et les explications données par le Prophète sur ces versets. Il étudiait et retenait les deux. Or ce procédé présentait des risques, notamment pour les générations futures. Les esprits mal intentionnés parlent d'autres Qur'ân (immatériels), qu'en serait-il si des manuscrits comme celui d'ibn Mas'ûd leur étaient parvenus ? Et les esprits bien intentionnés pourraient considérer les explications comme faisant partie du corps du texte, ou être tentées d'inclure les explications pour faciliter la compréhension du texte (il a bien été démontré chez les rédacteurs des évangiles qu'une note d'un scribe pouvait être incorporé dans le corps du texte de la copie du scribe suivant). Äbdâllâh ibn Mas'ûd tenait particulièrement à ses documents, mais ils étaient personnels, et lui seul pouvait en distinguer les annotations. La commission (et non Üthmân), chargée de la production des exemplaires de référence, était soucieuse de la nécessité absolue d'éviter des parchemins pouvant semer la confusion, non sur la génération présente qui connaissait parfaitement le texte, mais sur les générations futures.

II.5.2 Le fameux Qur'ân d'Ali ibn Abu Talib

Cousin et gendre du Prophète, premier (jeune) homme à embrasser l'islam (après l'épouse du Prophète Khadîdja[105]), quatrième et dernier khalife râchidoun[106], clôturant la lignée des monarques très proches du Prophète (son jeune âge l'expliquant en partie), Älî occupe une place exceptionnelle parmi les *sahabas*[107] et dans les cœurs des musulmans.

---

[105] Que Dieu soit satisfait d'elle.
[106] Bien guidé.
[107] Compagnons.

Il est époux de Fâtima[108] (fille du Prophète), père des uniques petits-enfants du Prophète, Hassan et Hussein[109] ; à plusieurs titres membre des *ahl al-bayt* (gens de la Maison). Il est vénéré par les chiites, idolâtré (si ce n'est déifié) par la branche alaouite du chiisme. Cette admiration sans bornes pour l'homme provient essentiellement de son double lien avec le Prophète, et de trois traits de sa personnalité : son intégrité, son courage, sa science[110]. Il a combattu très jeune dans les rangs des armées musulmanes. Son épée à fourche (deux pointes plutôt qu'une) fait partie des symboles du « mythe ».

Quel musulman pourrait, l'espace d'une seconde, imaginer Älî acceptant d'Üthmân, ou de quiconque, des versets qu'il ne connaîtrait pas, ou se voir refuser des versets qu'il détiendrait ? Si les adhérents à cette lubie du Qur'ân d'Älî prenaient le temps de connaître entièrement le personnage - et s'ils sont de bonne foi -, ils finiraient par se dédire.

Qu'ils en aient été les initiateurs ou pas, cette rumeur va dans le sens de ceux qui avancent l'idée qu'un verset du Qur'ân désignant Älî successeur du Prophète s'est volatilisé dans les nuées au-dessus de Médine (sans, bien évidemment, qu'ils ne soient capables de citer deux mots de ce fameux verset). Ils conçoivent ainsi qu'Älî, leur idole, l'homme véridique, droit, téméraire, incorruptible, ait délibérément désobéi à une loi divine et prêter serment à Abû Bakr, puis à Ümar, puis à Üthmân, servi sous leurs ordres respectifs pendant deux

---

[108] Que Dieu soit satisfait d'elle.
[109] Que Dieu soit satisfait d'eux.
[110] Il est dit qu'aucun être humain n'était capable de comprendre le savoir d'Ali. Lui-même s'en plaignait en tapant sa poitrine clamant que nul être ne pouvait supporter son contenu.

décennies et quatre années, alors qu'il savait, et que tout Médine savait, que le Qur'ân l'avait désigné successeur ? Le Qur'ân a-t-il pour habitude de nommer ainsi les membres de la famille du Prophète ou ses compagnons ? Les rares fois qu'il les évoque c'est toujours pour les désigner dans leur ensemble ; même lorsqu'il mentionne le voyage du Prophète de la Mecque à la Médine (hégire), Abû Bakr, le seul à ses côtés, le plus proche d'entre tous, n'est jamais nommé, au mieux le texte parle de *son compagnon*.

L'allégeance d'Älî au Qur'ân (« d'Üthmân ») était telle qu'il a arrêté une bataille qu'il gagnait contre Mu'âwiya, refusant de combattre des soldats brandissant au bout de leurs épées des feuillets du Qur'ân.

II.5.3 Le fameux Qur'ân d'Ubay ibn Ka'b

Ubay ibn Ka'b, un des premiers Médinois à rejoindre l'islam, et sans doute le premier des scribes médinois du Prophète, fait partie de ceux qui ont dédié leur vie au Qur'ân. Sa récitation parfaite, dans le strict respect des règles de psalmodie, en fait la référence première dans cette discipline. Le khalife Ümar l'avait désigné imam des *târâwikh*.

Ubay figure toujours dans les récits en personne âgée, auréolée de blanc. Il n'était plus de ce monde au moment des travaux de la commission de Zayd.

Quelles raisons ont amené quelques orientalistes à promouvoir la rumeur d'un *mushaf*[111] d'Ubay ibn Ka'b, différent de « celui d'Üthmân » ? Deux faits - encore une fois narrés par les chroniqueurs musulmans, et non issus d'une quelconque trouvaille de chercheur dans un parchemin ou manuscrit oublié - sont à l'origine de cette « fantaisie » (car elle est très loin de présenter le moindre intérêt) : le principe d'abrogation et le principe de récitations multiples.

L'abrogation, sous ses deux formes, est définie dans le Qur'ân. Elle consiste à remplacer un verset par un autre. Dans la première forme d'abrogation, le verset remplacé subsiste dans la récitation. C'est le cas notamment de la consommation d'alcool, le verset qui ne l'interdit qu'au moment de la prière, bien qu'abrogé par celui qui l'interdit inconditionnellement, subsiste dans le texte, sans doute pour sa valeur historique et sa vertu pédagogique, et d'autres raisons qui échappent au commun des mortels. D'autres versets abrogés n'ont pas vocation à

---

[111] Collection de parchemins.

être maintenus dans le texte, une fois le contexte pour lequel ils ont été révélés est révolu, et pour d'autres raisons qui échappent au commun des mortels. Les recueils de hadîths rapportent des *hadîths qursi*, paroles directes de Dieu adressée au Prophète ; bien qu'ils soient paroles de Dieu, ils sont distingués du contenu du Qur'ân.

Durant le règne d'Ümar (et donc avant celui d'Üthmân), Ubay avait fait part à Ümar d'un verset qu'il ne l'entendait plus réciter au moment de la prière. Ümar lui a répondu que n'entendant plus ce verset de la récitation du Prophète, il présume qu'il a été abrogé. Zayd, qui a passé avec le Prophète toutes les nuits de *târâwikh* (nuits de récitation coranique continue) de son dernier ramadhân, a confirmé le propos d'Ümar. Il n'y a aucun mystère autour de ce verset. Il ne figure pas dans le Qur'ân, pour les raisons énumérées, mais il figure dans les hadîths (sinon les orientalistes n'auraient jamais été au courant de son existence). Il avait pour but de soutenir le Prophète dans les épreuves. Il souligne le caractère « insatisfait » de l'être humain, voulant toujours le double de ce qu'il possède. Il est parvenu aux rapporteurs de hadîths, mais le Prophète ne le récitant plus, la commission, et Ümar avant lui, ne l'a pas retenu lors de la transcription des sept exemplaires de référence.

Enfin il existe dix types de récitation du Qur'ân. Les ulamâs recommandent aux imams de ne pratiquer qu'une seule de ces méthodes pour ne pas troubler les fidèles. Exceptionnellement, durant les nuits de *târâwikh*, certains imams, à des fins de pédagogie, pratiquent une récitation différente pour chaque unité de prière surérogatoire. Même s'il s'agit exactement des mêmes versets, les récitations sont fondamentalement différentes, dans la sonorité, dans les césures, notamment des fins de versets. Un mode de récitation domine que le Prophète a prioritairement transmis à ses compagnons. Cette récitation est la plus proche de la manière dont les Quraychs prononcent la langue arabe. Il est cependant arrivé au Prophète, pour leur faciliter la mémorisation, d'enseigner à des fidèles d'autres types de récitation. Ubay, entendant un jour cette forme différente, s'est rendu auprès du Prophète pour le prévenir d'un défaut de récitation d'un fidèle. Le Prophète lui a alors donné l'explication de cette différence. A la manière dont Dieu facilite la pratique pour chaque individu (en donnant à chacun le fardeau qu'il peut supporter), Son messager allège pour chacun la mémorisation et la récitation en la rendant la plus proche de sa manière de parler l'arabe.

Si les tenants d'un Qur'ân d'Ubay ibn Ka'b voyageaient de terre musulmane en terre musulmane, pénétraient les diverses mosquées des différentes contrées, écoutaient les différents imams, ils se rendraient très vite compte des variantes dans la récitation, dès les premières lettres de la sourate L'Ouverture.

III Le prophète Muhammad

III.1 La période mecquoise (570- 622)

En ce dernier tiers du VIème siècle, deux grandes puissances dominent le monde : l'empire sassanide (perse) et l'empire byzantin (empire romain d'Orient – issu de son défunt aîné l'empire romain d'Occident). Chacun occupe de vastes territoires. Ils s'affrontent sporadiquement sur des terres, en général arabes, proches de leurs limites, terres qui basculent tantôt d'un côté, tantôt de l'autre. L'empire byzantin part de la Turquie, englobe une partie de l'Afrique du Nord, et se termine en Syrie où l'empereur a fait construire un palais à Damas. Damas est un haut-lieu de la chrétienté. L'empire sassanide englobe toute la Perse et s'étend jusqu'aux frontières de l'Irak actuel. Entre les deux empires, l'Arabie forme un vaste désert neutre que traversent les chemins caravaniers. Le commerce est la principale activité des notables arabes. Ils achètent en Syrie des étoffes, des parfums, des épices qu'ils revendent auprès des habitants. L'Arabie est un ensemble hétéroclite de tribus qui se croisent à la Mecque à l'occasion des pèlerinages. La ville de la Mecque est au cœur de l'existence des tribus ; elle renferme la Kaaba, édifice cubique plusieurs fois centenaire, construit par Abraham et son fils Ismaël. Le sanctuaire, qui, au fil du temps, a perdu le culte du monothéisme, est le lieu d'adoration de trois cent soixante idoles rattachées aux différentes tribus. L'administration de la Kaaba, du commerce, des alliances avec les autres contrées, est aux mains de la tribu la plus raffinée : les Quraychs.   .

En 570, Muhammad nait dans cette tribu. Son père, Abdallah, meurt avant sa naissance ; sa mère, Amina, décédera alors qu'il n'a que six ans. Jeune orphelin, il est recueilli par son grand-père paternel Abd al-Muttalib, puis, à la mort de celui-ci, par son oncle paternel Abû Tâlib. Adolescent, Muhammad est berger (il dira plus tard que tous les prophètes ont été bergers). Jeune homme, il est chargé de caravanes commerciales au service de la riche veuve Khadîdja, également de la tribu Quraych. Son honnêteté est célèbre à la Mecque. On l'appelle *al amin*, l'honnête, l'intègre. Il est l'homme de confiance à qui l'on confie ses biens. Impressionné par son caractère exceptionnellement « noble et affable », Khadîdja envoie auprès de lui proposer le mariage. Il se marie avec elle à l'âge de vingt-cinq ans.

Muhammad ne participe pas à l'effervescence autour de la Kaaba. Ces statues de pierre et de terre ne sont pour lui que des dieux sortis des mains des hommes. Les juifs et chrétiens sont inexistants à la Mecque. Il ne pratique aucune religion, pourtant son besoin de spiritualité est grand. Aussi, régulièrement, muni de vivres préparés par les soins de son épouse, il gravit les pentes pour se rendre dans la grotte de Hira, où il demeure plusieurs jours, méditant en solitaire.

Un soir, en l'an 610, à l'âge de quarante ans, à l'occasion d'un retrait dans cette grotte, il voit arriver à lui un homme tenant des feuillets à la main. L'homme s'agenouille à ses côtés, lui présente les feuillets et lui ordonne « *Lis* ! ». Muhammad répond qu'il ne sait pas lire. L'homme lui saisit la tête qu'il serre fortement contre sa poitrine au point de l'étouffer, puis il le relâche et lui ordonne de nouveau : « *Lis* ! ». « Je ne sais pas lire », répond Muhammad. L'inconnu presse de nouveau sa tête contre sa poitrine et réitère l'ordre. Muhammad renouvelle sa réponse : « Je ne sais pas lire ». Puis l'inconnu se met à réciter : « *Lis au nom de ton Seigneur qui a créé. Qui a créé l'homme d'une adhérence. Lis et ton Seigneur est le plus généreux. C'est Lui qui a enseigné par la plume. C'est Lui qui a enseigné à l'homme ce qu'il ne savait pas.* »[112].

---

[112] Qur'ân 96,1-5

Ces mots resteront à jamais gravés dans sa mémoire. Ce sont les premiers mots du Qur'ân.

Il est effrayé par la présence de cet étranger, il s'enfuit de la grotte dès que l'individu disparait. Arrivé à l'extérieur, l'être lui réapparait, s'élève jusqu'au ciel, se transforme en une masse de lumière, emplissant l'espace de l'orient à l'occident, pourvu de ses trois cents paires d'ailes d'archange. « Ô Muhammad, lui dit-il, je suis Djibrîl[113], et tu es l'envoyé de Dieu. »

Muhammad manque de s'évanouir. Il fuit vers son épouse, qui le couvre d'un manteau tant il grelotte de frayeur.

Le Qur'ân garde la trace de cette nuit :

Ô toi couvert d'un manteau !

Nous allons bientôt te charger d'un message d'un immense poids.[114]

L'être lui apparaît plusieurs fois les jours qui suivent, sous forme humaine. Muhammad craint d'être possédé. Son épouse Khadîdja le rassure. « Tu es le meilleur d'entre nous tous, lui dit-elle. Tu es aimable, affable. Tu prends soin du pauvre. Tu honores les liens du sang. Quel dieu pourrait t'affliger ? » Cependant, troublée par ces apparitions fréquentes, elle propose à Muhammad d'aller en parler à son cousin Waraqah. Waraqah fait partie des rares *hanif* de la Mecque, il est monothéiste sans être juif, ni chrétien. Lorsque Khadîdja lui apprend ce qui arrive à son mari, il répond : « Djibrîl est l'ange que Dieu envoie auprès de Ses prophètes. Muhammad est sans doute un élu de Dieu, celui que les juifs sur la route de Syrie et au nord de la

---

[113] Gabriel.
[114] *Qur'ân 73,5*

Mecque attendent depuis bien longtemps. Plaise à Dieu que cet évènement soit arrivé avant que je ne quitte ce monde. »

Khadîdja est la première à consoler son mari, à lui recommander de garder patience, en attendant de comprendre l'objet réel des visites de l'étranger.

Au fil des jours, des mois, Muhammad finit par s'habituer à l'ange. Celui-ci l'instruit, lui enseigne l'invisible, le dessein de Dieu, l'objet de la création. Khadîdja et le jeune Älî ibn Abû Tâlib (cousin du Prophète vivant sous sa tutelle) à leur tour apprennent de Muhammad.

Quelques années passent. La révélation coranique se poursuit. La prière n'est pas encore instaurée, la pratique de la nouvelle religion consiste essentiellement en la récitation des versets reçus, et elle ne s'étend pas au-delà de la demeure de Muhammad. Puis vient le moment tant redouté où un verset lui demande explicitement de propager le message publiquement.

Avertis les gens qui te sont les plus proches,

Et sois bienveillant à l'égard des croyants qui te suivent.[115]

Par un jour de grande affluence, il se place au sommet du mont Safâ et interpelle la foule présente :

- Si je vous disais qu'une armée se dirige vers nous, de l'autre côté de la colline, me croirez-vous ?

- Certes oui Muhammad, répondent-ils, car tu ne mens jamais.

---

[115] *Qur'ân 26,214*

- Eh bien, dit-il, sachez que je suis un messager. Dieu m'a chargé de vous avertir. Et je vous annonce un terrible châtiment.

La foule est prise de stupeur. Elle reste immobile et silencieuse sous un soleil de plomb. Abû Lahab, un oncle paternel du Prophète, notable polythéiste fervent partisan des traditions, rompt le silence en grommelant :

- Puisses-tu périr !

Entendant cette réaction venant d'un proche, tous se dispersent.

Les notables Quraychs entreprennent de convaincre Abû Tâlib, oncle du Prophète, vieillard vénéré et respecté par son clan, de dissuader son neveu de poursuivre ses prédications. « Que cherche-t-il donc ? A anéantir des siècles de tradition ? A ridiculiser la religion de nos aïeux ? Des milliers de personnes viennent à la Kaaba prier leurs dieux. Veut-il les faire fuir ? Le commerce de la Mecque ne vit que par ces pèlerins. » - « C'est moi qui l'ai élevé, répond Abû Tâlib, jamais je n'ai vu Muhammad causer du tort à autrui. »

Par l'entremise d'Abû Tâlib, ils s'engagent à donner à Muhammad pouvoir, richesse et félicité s'il abandonne son prêche.

- Ils pourraient, répond-il à son oncle, mettre le soleil dans ma main droite et la lune dans ma main gauche, rien ne pourrait me faire renoncer à prêcher qu'il n'y a de divinité que Dieu et que moi, Muhammad, je suis Son messager.

Abû Tâlib, vieillissant, bientôt ne quitte plus son lit. Muhammad, les larmes aux yeux, à son chevet, le supplie :

- Ô mon oncle, avant de partir, fais ton attestation de foi, afin qu'Allâh te compte parmi les repentis.

Mais, balbutiant, l'homme, ne renonçant pas à cette dignité des nobles qui frise l'orgueil, lui confie : « Je t'ai élevé, ô Muhammad. Et je sais que tu es incapable du moindre mensonge. Mais je suis Abû Tâlib, et je ne permettrai à aucun Arabe de dire que j'ai eu peur devant la mort. »

Il s'éteint. Djibrîl, auparavant, avait annoncé au Prophète que son propre oncle ne serait pas des soumis à Dieu. Le Qur'ân exhorte ainsi au simple rappel. « *Tu ne guides pas qui tu aimes, mais Allâh guide qui Il veut* »[116]. Le prophète avertit, l'épanchement des cœurs appartient à Dieu.

Son protecteur n'étant plus de ce monde, les notables Quraychs décident de ne plus négocier avec Muhammad et de passer aux manières fortes.

Abû Lahab se montre particulièrement hostile, multipliant les gestes et les propos blessants, tels que le « Puisses-tu périr » du mont Safâ. Le Qur'ân, qui cite rarement des noms, si ce n'est ceux des prophètes, le cite alors nommément dans une sourate décrivant sa descente aux enfers, annonçant au Prophète qu'Abû Lahab et sa femme n'embrasseront pas l'islam :

Le pouvoir d'Abû Lahab périra, et il périra.

Ni sa richesse, ni ses gains ne le protégeront.

Il sera plongé dans un feu ardent.

Et sa femme, la porteuse de fagots,

---

116 *Qur'ân 58,56*

Aura à son cou un licou de fibre de palmier.[117]

Mais la nouvelle religion gagne une bonne partie des habitants. Les plus pauvres parmi les nouveaux convertis sont l'objet de toutes les brimades et provocations. Les amis du Prophète choquent en rachetant les esclaves[118] pour les affranchir.

Le Prophète, donnant l'exemple, affranchit Zayd, que son épouse lui avait offert, faisant de lui son propre fils. Les parents de Zayd, apprenant la nouvelle, se rendent à la Mecque pour reprendre leur enfant. Mais celui-ci leur répond : « Malgré mon affection pour vous, père et mère, laissez-moi demeurer auprès de cet homme de la plus grande noblesse et de la plus noble des familles arabes. »

Les notables de la ville ne peuvent ignorer le nombre grandissant d'adeptes de la nouvelle religion. A l'issue d'une réunion houleuse, où une minorité souhaitait le maintien du respect de la bienséance tribale, ils décident que toute relation avec Muhammad et ses fidèles sera sanctionnée. La sentence est placardée sur les murs de l'enceinte de la Kaaba. C'est la mise en quarantaine.

Yasir et Sumayyah, parents d'Ammar, jeune compagnon du Prophète, sont torturés et sommés d'abandonner leur foi. Sumayyah meurt sous les coups, elle est la première martyre de l'islam.

Les persécutions contre les musulmans sont telles que le Prophète demande à un groupe de fidèles de s'exiler en Abyssinie (actuelle Ethiopie), en terre chrétienne. Arrivés à destination, ces exilés se

---

[117] *Sourate 111*
[118] Le vocable « esclave » n'est sans doute pas approprié, car il s'agit là plutôt de serviteurs.

rendent compte qu'ils ont été devancés par des envoyés de la Mecque venus demander au Négus de les expulser pour s'être rendus coupables d'avoir offensé la religion de leur pays. Le Négus accède à cette demande, par amitié pour ces envoyés. Mais un des exilés demande à être entendu avant d'être expulsé.

- Ils veulent notre mort parce que nous disons qu'il n'y a qu'un seul Dieu, lance-t-il au Négus.

Le Négus et sa cour sont intrigués.

- Continues, dit le monarque.

- Ils disent surtout que Jésus n'est pas Dieu, interrompt l'envoyé de la Mecque.

A ces propos le visage du Négus s'assombrit.

- Que dit votre religion de notre Seigneur Jésus ? demande-t-il.

L'exilé fait quelques pas vers le trône, et, du plus profond de son cœur, récite les versets, de la très longue sourate Maryam, relatant la naissance de Ïssâ ibn Maryam :

C'est alors que Nous lui envoyâmes Notre Esprit qui se présenta à elle sous la forme d'un homme parfait.

Elle lui dit : « Je cherche refuge contre toi auprès du Tout-Miséricordieux, si tu crains Dieu. »

Il lui répondit : « Je ne suis qu'un envoyé de ton Seigneur, chargé de te faire présent d'un garçon irréprochable. »

Elle lui dit : « Comment pourrais-je avoir un enfant alors qu'aucun être humain ne m'a touchée, et je ne suis pas corrompue ? »

Il lui répondit : « Ton Seigneur a décrété : « C'est ainsi. Rien n'est plus facile pour Moi. Nous ferons de lui une révélation pour les hommes et une miséricorde émanant de Nous. » »[119]

Tandis qu'il récitait, les larmes coulaient des yeux du Négus et des sages de la cour jusqu'à inonder leurs barbes.

Le monarque se lève de son trône, marche jusqu'au Mecquois, et lui assure que lui et tous ses coreligionnaires peuvent rester en Abyssinie, sous sa protection, aussi longtemps qu'ils le souhaitent.

Pendant ce temps, à la Mecque, Muhammad approche l'une après l'autre les tribus venues en pèlerinage, leur prêchant le message du Dieu unique. Un groupe de pèlerins en particulier est sensible à son discours. Ils viennent de Yathrib, au Nord de la Mecque. Ils sont touchés par le charisme et la sagesse de l'homme, et voient dans la religion qu'il prône le remède à toutes leurs dissensions.

Si les autres Arabes sont particulièrement hostiles au discours sur l'unicité de Dieu, ce discours n'est pas complètement inconnu aux habitants de Yathrib, où résident plusieurs tribus juives. Leur cité compte deux grandes tribus arabes, les Aws et les Khazraj, en perpétuelle opposition dans des querelles qui finissent souvent en guerres claniques, et une quinzaine de tribus juives, dont les trois principales, les Qaynuqa, les Nadir et les Qurayza, participent à ces affrontements par leurs alliances avec les tribus arabes.

De retour à Yathrib, les pèlerins font part de leur rencontre aux notables. L'année qui suit, à l'occasion du pèlerinage, une délégation

---

[119] *Qur'ân 19,17-21.*

de ces notables se rend à la Mecque. Ils rencontrent le Prophète à plusieurs reprises. Avant la fin de leur séjour, sous l'arbre d'Al Aqaba, ils attestent qu'il n'y a de divinité que Dieu, que Muhammad est Son envoyé, et prêtent serment d'allégeance au Prophète.

Quelques jours plus tard, secrètement, par vagues de petits groupes, les musulmans mecquois, laissant demeures et biens, quittent la Mecque pour Yathrib.

Khadîdja ne sera pas de ce voyage, car elle décède en 619, de la mise en quarantaine diront certains, de la maladie diront d'autres. Elle meurt après avoir tant donné à l'islam, par la dépense de sa richesse, par le soutien au Prophète dans les douloureuses épreuves de sa mission.

III.2 La période médinoise (622 – 632)

Alors que tous les musulmans mecquois sont en sécurité à Yathrib, que l'apprentissage du Qur'ân s'y répand, que les prières se font provisoirement dans les demeures en l'absence de toute mosquée, alors que les exilés d'Abyssinie forment des caravanes pour rejoindre la première cité de l'islam, une nuit de l'an 622, tandis qu'un groupe d'individus armés de couteaux est envoyé par les Quraychs en finir avec le prophète de l'islam, Muhammad, âgé de cinquante-deux ans, soit douze ans après la première révélation, accompagné de son fidèle compagnon Abû Bakr, quitte discrètement la Mecque pour s'engager dans le désert en direction de Yathrib, la ville des palmiers dattiers (l'arbre qui, jusqu'à nos jours, donne les fruits par lesquels les musulmans rompent le jeûne par imitation du Prophète).

Le chemin est long à travers le désert. Ils font plusieurs haltes. Lors d'une de ces haltes, avec quelques pierres, ils bâtissent une mosquée de fortune, qui deviendra un lieu de pèlerinage.

Au bout de quelques jours, ils aperçoivent la cité au loin.

Toute la population est aux portes pour les accueillir en apothéose. Les deux montures apparaissent à l'horizon. Les cris de joie fusent. Jamais Yathrib, désormais Madinatoun'nabi[120], n'a connu une telle effervescence. Des poèmes ont été composés pour l'occasion. Les *muhâdjirun* (exilés), « ceux qui ont émigré pour la cause de Dieu »[121], et les *ansârs* (alliés) « qui les ont accueillis et secourus »[122], tous sont pris par l'immense joie et émotion qui de voir, qui de revoir, *rasulul'lâh*, le messager de Dieu.

Chaque *ansâr* veut faire du Prophète son hôte. Afin de ne froisser personne, il descend de sa chamelle et indique qu'il demeurera dans le lieu qu'elle aura choisi. L'animal se déplace un moment ; arrivé sur un terrain nu, il s'arrête, replie ses jambes, s'affaisse.

A cet emplacement, les fidèles construisent la demeure du Prophète ainsi que la mosquée attenante, véritable première mosquée de l'islam. Se pose alors la question de l'appel à la prière pour convier les fidèles à la mosquée. « Pourquoi pas une cloche comme les chrétiens ? suggère l'un d'eux ». « J'ai vu en rêve un homme appeler à la prière depuis le toit, dit un autre. » Cette solution est retenue. On propose alors à Bilâl[123], ancien esclave dont la liberté avait été rachetée à la

---

[120] Madinatoun'nabi signifie « la cité du prophète ». Au fil du temps, la ville s'appellera tout simplement « Médine ».
[121] Qur'ân 16,41.
[122] Qur'ân 8,72.

Mecque par Abû Bakr, réputé pour sa belle voix, de devenir le premier *muezzin* de l'islam. Bilâl se hisse sur le toit de la mosquée à peine achevée, et, sous les yeux admiratifs de la population, élève ses mains en porte-voix et entame le *azhân* qui deviendra l'appel le plus entendu en terre musulmane : « *Dieu est le Plus Grand. Dieu est le Plus Grand. J'atteste qu'il n'y a de divinité que Dieu. J'atteste que Muhammad est l'envoyé de Dieu. Venez à la prière. Venez au bien. Dieu est le Plus Grand. Dieu est le Plus Grand. Il n'y a de divinité de Dieu.* »

La révélation coranique se poursuit, aborde les aspects de la vie quotidienne, édicte la loi islamique concernant le mariage, le divorce, l'héritage, l'usure, assistant le prophète à la mise en place progressive du premier état islamique. Un grand nombre des juifs, dont le rabbin Abdallah ibn Salam[124], se convertissent. Pour toutes les autres tribus juives non concernées par les lois islamiques, leurs litiges seront jugés selon la Thora. Un pacte garantit que Médine sera protégé par toutes les tribus réunies en cas d'agression extérieure[125].

Le message de l'islam se propage autour de Médine ; les tribus bédouines sont invitées à l'adoration d'un Dieu unique, et aux bonnes manières de l'islam. C'est bientôt un vaste territoire qui vit, prie, jeûne, selon la foi islamique sous l'autorité et le conseil du Prophète. Toutes les communautés non concernées se rendent à Médine pour établir des pactes de non-agression et de protection. L'expansion traverse les frontières du Hidjâz pour pénétrer dans les terres chrétiennes. Une

---

[123] Que Dieu soit satisfait de lui.

[124] Que Dieu soit satisfait de lui. Il fait partie de ceux qui ont transmis des hadîths de la période médinoise.

[125] Ce document qui régit la vie en communautés à Médine a été conservé. Le professeur Hamidullah, dans son ouvrage *Le prophète de l'islam,* le nommera « la première constitution de l'humanité ».

délégation de chrétiens de Najram (actuel Yémen) se rend auprès du Prophète pour le pacte les concernant. La concertation se tient à la mosquée à la fois lieu de prières et lieu de réunions. Durant leur séjour, au cours d'une conversation, le Prophète les voyant embarrassés et présumant qu'ils souhaitent prier sans oser lui demander, il se lève et leur propose de prier dans la mosquée.

En 630, après trois confrontations avec les armées mecquoises et leurs alliés (Badr, Uhud, Bataille des Tranchées), une longue colonne de chevaux et de chameaux, dirigée par le Prophète, quitte Médine en direction de la Mecque polythéiste. Elle s'allonge et s'étire au fur et à mesure qu'elle traverse les terres musulmanes et que des cavaliers se joignent à elle.

Bientôt, du haut de ses collines, les habitants de la Mecque aperçoivent une masse de dix mille combattants en monture se dirigeant inexorablement vers eux. La terreur s'empare de la ville. Les règles des guerres claniques sont impitoyables pour les vaincus : exécution des hommes, réduction des femmes et des enfants en esclavage.

La Mecque se livre sans combat. Elle craint ces hommes nombreux et déterminés.

Lorsqu'il entre dans la ville, les Mecquois regardent cet homme à la mort duquel ils ont comploté huit ans auparavant, qu'ils ont contraint à l'exil et contre qui ils ont envoyé des vagues de bataillons de combattants. Le voilà revenant triomphalement, la quasi-totalité des Arabes récitant les paroles qu'il a reçues de Dieu.

- Que pensez-vous que je vais faire de vous ? demande Muhammad aux Mecquois.

- Tu es noble et tu es fils de noble.

- Certes, vous êtes libres. Aucun mal ne sera fait à l'un d'entre vous.

Il se rend à la Kaaba, pénètre son enceinte, et, tel Abraham détruisant les idoles de sa tribu, de son bâton fait tomber chacun des trois cents dieux de pierre et de terre. Bilâl, le premier *muezzin* de l'islam, se hisse jusqu'au sommet de l'édifice cubique. Et, du haut de ses murs, tandis que la population le regarde incrédule, porte ses mains en porte-voix et, pour la première fois, le *azhân* retentit au sein de la Mecque : « *Dieu est le Plus Grand. Dieu est le Plus Grand. J'atteste qu'il n'y a de divinité que Dieu. J'atteste que Muhammad est l'envoyé de Dieu...* »

La mission est accomplie. Au bout de vingt ans de révélation coranique, d'abnégation, de prêche et de combats, la première maison de Dieu, construite par Son ami Abraham, retrouve, après des siècles de déviation, son culte au Dieu Unique et non représentable.

Par fidélité à Médine, qui l'avait accueilli quand les notables de sa ville natale l'avaient rejeté, le Prophète retourne à Médine pour y demeurer définitivement.

Sachant ses jours comptés, en 632, il se rend une dernière fois à la Mecque pour son unique pèlerinage, appelé *pèlerinage d'adieu*. Du haut du mont Ärafât (comme à ses débuts du haut du mont Safâ), s'adressant à des milliers de fidèles, il donne ses dernières recommandations : le respect de la hiérarchie honore l'être humain, car toute société sans structure hiérarchisée est vouée au chaos. Dieu a créé tous les hommes égaux ; l'Arabe n'est pas supérieur aux autres, pas plus que les autres ne sont supérieurs à lui. Le meilleur des hommes auprès de Dieu est le plus pieux. Dieu demande à chacun de prendre de ce qu'Il lui a donné pour donner aux nécessiteux. Chaque don à autrui est un prêt à Dieu. Nulle contrainte en religion, car c'est le cœur qui vient à Dieu, tandis que chacun doit partager de ce qu'il sait avec son voisin. Dieu a facilité la voie vers Lui, et Dieu n'impose à aucun serviteur au-delà de ce qu'il peut supporter. A l'homme Dieu a recommandé la bienveillance envers la femme, car la femme est un manteau pour l'homme, comme l'homme est un manteau pour la femme.

Chaque personne présente est priée de porter cette parole aux personnes absentes.

Après chaque rappel des principaux préceptes du Qur'ân, son discours est régulièrement ponctué par la question :

- Ai-je bien délivré le message ?

Et la foule de répondre en cœur :

- Certes oui, ô envoyé de Dieu.

A chacune de ces réponses, il lève les bras au ciel et clame :

- Ô Seigneur sois en témoin !

Les larmes coulent alors sur les joues des fidèles, conscients d'assister à l'un des derniers prêches du Prophète.

Il demande à quiconque lui réclame le moindre bien, à quiconque il a causé le moindre tort, de se manifester, car les dettes et les préjudices d'ici-bas seront les tourments de l'au-delà.

Le pèlerinage s'achève. Avant son retour à Médine, il reçoit le verset signe de la fin de la révélation.

Aujourd'hui J'ai parachevé pour vous votre religion, et accompli sur vous Mon bienfait. Et J'agrée l'Islam comme religion pour vous.[126]

Les jours suivants, il est si faible qu'il demande à Abû Bakr de diriger la prière à la mosquée. Connaissant sa forte émotivité, les fidèles craignent qu'Abû Bakr ne s'effondre en larmes au milieu de sa récitation, mais, à la grande surprise de tous, il remplit sa tâche sans faillir. Lorsqu'il se tient sur le *minbar* pour faire son prêche, il reste debout sur l'avant-dernière marche, car la dernière marche, dit-il, la marche la plus haute, est réservée à l'envoyé de Dieu.

Muhammad demeure auprès de son épouse Ä'isha[127], sa tête posée sur les genoux de celle-ci. Ses mots sont de plus en plus faibles. Il lui annonce que l'ange est entré dans la chambre pour prendre son âme. Puis il s'éteint, sans bruit, sans frétillement.

L'annonce de sa mort plonge la *oumma* (communauté) dans un désespoir inouï. Les fidèles, ceux-là qui se sont toujours sentis meilleurs à proximité du Prophète, et faibles et humains dès qu'ils s'éloignent de lui, ces fidèles dont le seul sourire du Prophète illuminait leurs journées, ces combattants dont la seule vue du Prophète remettant le drapeau de l'islam à l'un d'eux pouvait les faire escalader toutes les montagnes et fondre sur toutes les armées, tous ces musulmans de la première heure, pour qui il n'y avait de plus beau moment dans leur vie que de se tenir debout derrière Muhammad, l'écoutant réciter les versets du Qur'ân, tous ces exilés et ces Médinois

---

[126] *Qur'ân 5,3.*
[127] Que Dieu soit satisfait d'elle.

qui les ont accueilli comme leurs propres frères, tout à coup sont orphelins, perdus, abandonnés, comme si la terre s'ouvrait sous leurs pieds.

Abû Bakr entre dans la chambre, s'agenouille, et prend la tête du Prophète dans ses mains, qu'il embrasse longuement, le baignant de ses larmes :

- Ô Muhammad, sanglote-il, le plus pur des hommes !

Il efface ses larmes, pénètre la cour de la mosquée attenante, voit l'immense tristesse des compagnons qui demeurent dans un silence que seuls les gémissements rompent. Rassemblant ce qui lui reste de force, il leur lance :

- Que celui qui suivait l'envoyé de Dieu sache qu'il est mortel. Que ceux qui suivaient Dieu sachent que Dieu est éternel.

Puis il leur récite un passage du Qur'ân :

Muhammad n'est qu'un messager. D'autres messagers sont passés avant lui. S'il mourait, s'il était tué au combat, retourneriez-vous sur vos talons ? Quiconque retourne sur ses talons ne nuira en rien à Allâh ; et Allâh est généreux envers ceux qui sont reconnaissants.[128]

Ce verset plonge au plus profond de chacun. Certains, comme Ümar, l'avaient oublié. Ils l'ont pourtant souvent récité ou entendu récité. Jamais il n'a eu tant de vérité. Ce moment le fait scintiller comme une étoile brillante dans une nuit noire.

____

[128] *Qur'ân 3,144.*

Les obsèques menées dans la dignité qui sied aux serviteurs de Dieu, Ümar ibn al Khattâb, le plus fidèle compagnon d'Abû Bakr, se tint au milieu de la *oumma*.

- Abû Bakr, déclare-t-il, tu es d'entre nous le plus proche du messager d'Allâh, tu es « celui des deux »[129]. Tends la main et je te prête serment.

A la suite d'Ümar, tous les fidèles prêtent serment à Abu Bakr.

---

[129] Référence au verset du Qu'ran où Dieu, sans le nommer, évoque Abû Bakr, fidèle compagnon ayant accompagné le Prophète lors de son exil vers Médine.

III.3 Le khalifat d'Abû Bakr : de Médine à la Perse (632 – 634)

III.3.1 Conquête de la Perse

Désormais khalife de la *oumma*, l'islam ayant gagné toute l'Arabie, Abû Bakr envoie une missive à Khâlid ibn al Walid[130], alors stationné à Yamamah avec ses troupes, lui donnant comme instructions :

- Prends quelques hommes, laisse les autres à Yamamah. Chevauchez de jour comme de nuit jusqu'à atteindre la Perse, et faites-y rayonner la lumière de Dieu.

La Perse est alors adoratrice de la flamme éternelle.

Khâlid ibn al Walid, surnommé *Sayfal'lâh* (le Glaive de Dieu) est de loin le plus grand combattant de l'armée islamique. Homme invincible, en duel comme en confrontation d'armées, sa légende est telle que l'on dit son épée descendue du ciel jusque dans les mains du Prophète qui la lui a remise.

Nous avons également fait descendre le fer qui comporte une force redoutable, et aussi de multiples avantages pour les hommes, afin que Dieu, dans Son mystère, reconnaisse ceux qui défendent Sa Cause et celle de Ses prophètes. En vérité, Dieu est Plein de force et de puissance.[131]

---

[130] Que Dieu soit satisfait de lui.

[131] *Qur'ân 57,25* (ce verset est interprété non comme la descente de l'épée de Khâlid, qui relève de la légende, mais comme la chute des météorites, qui s'enfonceront dans la terre et qui, par la lente transformation des millénaires,

Le drapeau de l'islam dans la main, à la tête de deux mille cavaliers (sur les treize mille combattants de Yamamah), parmi lesquels des maîtres-réciteurs, Khâlid ibn al Walid prend la direction de l'empire mazdéen.

Un de ses hommes chevauche vers Médine demander du renfort au khalife ; deux mille hommes ne peuvent suffire à renverser l'empire perse.

Lorsqu'il parvient au khalife, celui-ci l'écoute, fait appeler un jeune combattant, du nom de Qaeqea ibn Amrou, lui demande de s'armer et de se présenter sur sa monture. L'homme apprêté dans sa cotte-de-mailles, le fourreau sur le côté, Abu Bakr lui indique sa mission : « Rejoins Khâlid porter la parole de Dieu aux idolâtres. » L'homme disparait aussitôt dans un nuage de poussière.

Tout Médine est surpris de cette réponse du khalife. Ils s'attendaient à voir plusieurs régiments partir des territoires de la péninsule. Ils restent cependant confiants, connaissant la sainteté d'Abû Bakr.

L'homme envoyé par Médine, à lui seul, sur le champ de bataille, fera en effet reculer des rangées entières de fantassins.

Khâlid et ses hommes chevauchent de jour comme de nuit. Plusieurs armées, dont celle de Mossana, et des groupes de volontaires le rejoignent en chemin. Le nom de Khâlid ibn al Walid suffit à mobiliser. C'est bientôt dix-huit mille *mudjahidines* qui sont réunis sous l'étendard de l'islam, tous galvanisés par la joie de combattre auprès de l'Epée de Dieu.

---

donneront le fer).

Très tôt avertis par les mouvements de l'armée musulmane depuis Yamamah, Hormuz, le gouverneur de la province d'Oballa, à l'extrême sud de l'Irak, a déplacé des bataillons vers le sud pour protéger la porte d'entrée de l'empire et l'un de ses principaux ports.

Khâlid et ses troupes atteignent les portes de la ville d'Oballa. Avant son arrivée, il a envoyé auprès de Hormuz l'inviter à embrasser l'islam.

A son arrivée, il renouvelle son message auprès de l'émissaire du gouverneur :

- Nous sommes envoyés par le khalife de Médine, vous inviter à l'islam, la religion de vérité révélée au prophète Muhammad par le Dieu Unique, le Très-Haut, Créateur des cieux et de la terre, Créateur de tout être vivant, le Seul digne d'adoration, le Dieu d'Ibrâhîm, Ya'qûb, Mûsâ, Ïssâ. Vous acceptez de reconnaître qu'il n'y a de divinité que Lui, que Muhammad est Son messager, vous êtes nos frères. Ou vous payez le tribut[132], que nous redistribuons aux nécessiteux, et nous vous assurons de notre protection. Ou vous refusez les deux premières propositions et nos armées se confrontent.

Le chef perse regarde cette armée d'Arabes sortis d'au-delà les terres, leurs visages rayonnants et sereins comme baignés d'une lumière céleste, leurs montures bien nourries, ne semblant pas souffrir du long chemin parcouru.

- Combien pour le tribut ? demande-t-il.

- Un dinar par personne.

---

[132] *Jizia* impôt (ou aumône sociale) versé par les non-musulmans, équivalent à la *zakât* pour les musulmans.

La somme lui semble si ridicule, les armes qu'il a pu apercevoir si peu impressionnantes, les hommes qui les portent si peu nombreux, qu'il sourit et retourne dans sa ville. Les portes se referment derrière lui. Un envoyé vient par la suite apprendre à Khâlid la réponse du gouverneur : la guerre.

Les portes s'ouvrent pour laisser déferler une immense armée, d'interminables rangées de casques et lances pointant au ciel, des soldats lourds dans leurs armures, cintrés dans leurs cataphractes, écailles de fer courant des pieds à la tête, des armes sophistiquées avançant sur des essieux, les premières rangées enchaînées par de lourds anneaux, rendant la fuite impossible et l'accès aux lignes arrière périlleux.

Khâlid et ses compagnons se recueillent un moment pour invoquer Dieu. A Badr, tous les combattants réunis autour de lui, le Prophète avait formulé cette prière : « Ô Seigneur, si Tu ne nous donnes pas la victoire, Ta glorieuse religion s'arrêtera ici ». Eux, à leur tour, demandent à Dieu de permettre que la lumière de l'islam ne s'arrête pas aux portes de cette cité, et que, par eux, elle en traverse les murs et pénètre le cœur de chaque habitant qui s'y trouve.

Le choc est grand. La cavalerie musulmane s'ébranle comme un seul homme, pliant et traversant les lignes ennemies avec une vivacité telle qu'elle se retrouve bientôt dans le dos des soldats perses. De tous côtés, les lignes perses sont enfoncées, brisées, rabattues comme emportées par un souffle gigantesque.

La bataille est très vite conclue. La ville se rend.

Khâlid y place quelques hommes et poursuit son chemin.

Les villes tombent une à une, des plus grandes aux plus petites.

Le palais de l'empereur est encore loin, mais toute la cour est en émoi.

Khâlid divise son armée en trois grands contingents capables, si nécessaire, de prendre l'ennemi en tenaille. Dans chaque ville conquise, il laisse quelques hommes pour veiller à la sauvegarde de la victoire, et des éclaireurs capables d'alerter rapidement l'armée musulmane la plus proche.

Les habitants des villes conquises regardent ces musulmans avec curiosité. Ils ne se mêlent pas à la population, se tiennent à l'écart, passent leurs journées en récitations du Qur'ân et en prières. Parfois des femmes et des enfants s'approchent d'eux, écoutent ces psalmodies qui semblent des mélodies venues d'un autre monde. Les soldats, habitués à retenir le Qur'ân entier, apprennent très vite la langue locale, racontent l'histoire du Prophète aux autochtones, dont le cœur finit par s'ouvrir à ce flot d'idées à la fois simples et grandioses. Beaucoup se convertissent.

Des villes se livrent sans combat. L'armée musulmane y est accueillie en libérateur. L'empire sassanide fait peser sur les populations le poids d'impôts iniques.

Un seigneur local envoie un courrier à l'empereur Ardashir lui expliquer l'accumulation de défaites.

- Ces hommes nouveaux venus d'Arabie, écrit-il, sont à nulle autre créature pareils. Ils sont différents des Arabes que nous avons connus jusque-là. La nuit ils sont des ascètes, occupés à louer Allâh et à faire des invocations, le jour ils sont des lions sur les champs de bataille.

Un grand affrontement, la bataille d'Olyas, se prépare. L'objectif des Perses est de barrer la route vers Hira. Ardashir ordonne l'enrôlement des meilleures troupes pour mettre fin à la rumeur d'invincibilité des combattants musulmans, qui gagne peu à peu toutes les régions et met à mal son pouvoir. Le corps d'élite, la garde personnelle de l'empereur, est en alerte ; ses dix mille « immortels » se déplacent vers les garnissons proches du palais, mais ne s'engagent pas encore. Les armées perses, munies de milliers d'éléphants, font jonction dans différentes casernes, puis convergent vers Olyas, langue de terre entre l'Euphrate et le Khassif.

Khâlid prend le même chemin avec dix-huit mille hommes, tandis que la cavalcade de soixante-quinze mille soldats perses s'y presse aux cris de vengeance !

A chaque combat sur cette terre perse, chaque fois que sa victoire est reconnue par le camp adverse, Khâlid prend acte de la reddition et poursuit son chemin vers le cœur de l'empire, sans faire de prisonniers, ni exécuter d'adversaires. Il s'aperçoit que, de bataille en bataille, ce sont souvent les mêmes soldats perses qui reviennent à la charge. Pour cette bataille d'Olyas, il a décidé de donner une leçon mémorable à ceux-là qui font montre d'ingratitude.

Olyas donne dos à la rivière, et ses deux flancs sont bordés par deux affluents. Par un stratagème Khâlid laisse les Perses y arriver les premiers et y installer leurs campements. Ces derniers sont confiants, conscients de leur supériorité numérique. Malgré les avertissements d'un officier arabe, ils ne s'entourent pas de toutes les précautions et ne se préparent pas aux combats en attendant les musulmans.

C'est au milieu de leur repas que Khâlid envoie des groupes légers de soldats se déplaçant à grande vitesse afin de ne pas être repérés à temps. La bataille s'engage subitement. Les troupes de Khâlid débouchent dans le vaste terrain par vagues successives. L'effet de surprise l'emporte vite sur le nombre.

Les pertes côté perse sont grandes. De nombreux soldats, en reculant, finissent dans le vide, puis au fond de la rivière.

- A vous qui défiez constamment l'Epée de Dieu, malgré sa mansuétude envers vous, voilà votre lot ! lancent les soldats musulmans aux Perses qui ne se relèveront plus.

III.3.2 Conquête de la Syrie

Les succès de Khâlid en Perse sont de loin incomparables à ceux de l'armée islamique en Syrie. Celle-ci, menée par Abû Obayda, peine face aux armées byzantines, interminables mers de casques, pointes et boucliers, étincelants au soleil des champs de bataille ; elles ont la discipline et la rigueur de plusieurs siècles de conquête.

Abû Bakr écrit à Khâlid : « Prends avec toi la moitié de tes effectifs. Faites jonction avec l'armée d'Abû Obayda. Combattez les Romains et chassez-les du Châm ».

La prochaine bataille entre Obayda et l'armée byzantine est imminente. Cent mille Byzantins sont en route vers vingt mille musulmans. Or, tous les chemins connus de l'Irak à la Syrie feront arriver Khâlid avec plusieurs jours de retard.

- Qui connait le chemin le plus rapide pour le Châm ? demande-t-il à ses compagnons.

Un homme, du nom de Rafae, s'avance, se risque. Il propose un chemin à travers l'endroit le plus incertain du désert. Il assure à Khâlid qu'une oasis s'y trouve. Nul ne le sait, mais il n'a emprunté ce chemin qu'une fois dans sa vie, il y a trente ans, jeune garçon avec son père dans une caravane. Il n'en a qu'un très vague souvenir et compte plus un miracle que sur sa mémoire.

Khâlid et ses troupes s'engagent dans ce chemin. Ils vont à l'aventure. Au bout de quelques jours, les gorges s'assèchent, les réserves des chameaux sont épuisées. Suffocant et élevant à peine la voix, un homme, à l'avant-garde, annonce enfin la vue de l'oasis. Rafae devient un héros. Les soldats épanchent leur soif, donnent à boire à leurs bêtes, renouvellent leurs réserves.

Quelques jours plus tard, les paysans, à l'entrée du Châm, voient jaillir du désert une colonne de neuf mille hommes, l'étendard flottant au vent, faces couvertes de poussière, impassibles, toutes dirigées vers une mystérieuse mission.

Khâlid arrive avec peu de retard sur le champ où l'armée des fidèles est submergée par le nombre de Byzantins. Il s'y jette avec ses hommes en s'écriant « *Anâ Khâlid ibn al Walid !* » (Je suis Khâlid ibn al Walid). Ce cri, qu'il lancera souvent, suffit à remplir d'effroi le cœur des adversaires, et à insuffler l'espoir dans le cœur des *mudjahidines*. Les combattants musulmans redoublent d'ardeur. Les Romains battent retraite dans un véritable désordre.

Abû Obayda, jadis converti peu après Abû Bakr, exilé en Abyssinie puis à Médine, l'un des dix compagnons du Prophète à qui le paradis fut assuré de leur vivant, sait que désormais la bonne étoile a quitté la Perse pour venir briller au-dessus de la Syrie.

Les victoires s'enchaînent à une vitesse vertigineuse.

L'empereur byzantin Héraclius déménage de palais en palais, à mesure que les troupes musulmanes s'enfoncent dans le cœur de la Syrie. Le drapeau de l'islam flotte sur Damas, Homs, Chalcis.

En 636, toutes les quatre principales divisions de l'armée islamique du Châm désormais affluent vers Yarmouk. C'est le tournant décisif. La consolidation de toutes les positions ou leur fragilisation.

Sur la plaine de Yarmouk, quarante mille combattants musulmans font face à deux cent mille soldats de l'empire romain d'Orient, dirigés par les meilleurs officiers, dont Mahan et Gregory.

Avant le commencement de la gigantesque bataille, comme à ses habitudes, pour semer le trouble dans les rangs ennemis, Khâlid s'avance et convie l'un des généraux du camp adversaire à le rejoindre en duel dans le champ, à distance égale des deux armées.

Un haut gradé byzantin, du nom de Georgos, se détache de sa troupe et chevauche jusqu'à lui.

- On te dit invincible, lance-t-il à Khâlid.

- C'est ce que l'on dit.

- On dit ton épée descendue du ciel.

- C'est une légende.

- Alors pourquoi t'appelle-t-on Glaive de Dieu ?

- Je suis l'un des glaives que Dieu a brandi contre les idolâtres. Le prophète Muhammad a invoqué Dieu pour que partout où je suis la victoire et le triomphe soient du côté de ceux qui disent qu'il n'y a de divinité que Dieu.

L'homme lui pose une série de questions tout en tournant autour de lui. Aucun de ses mouvements n'échappe à la vigilance du combattant aguerri. Les chevaux hennissent. Les hommes, le long des deux armées, observent la scène de loin et attendent d'un moment à l'autre le fracas du duel.

- Comment devient-on musulman ? demande le Byzantin.

Khâlid le regarde fixement dans les yeux.

- Il faut attester qu'il n'y a de divinité que Dieu, et que Muhammad est Son envoyé.

- J'atteste qu'il n'y a de divinité que Dieu. J'atteste que Muhammad est l'envoyé de Dieu.

Sa *shahada* prononcée, l'officier fait faire un écart à son cheval et galope jusqu'à l'armée musulmane où il se range, faisant désormais face à ceux qui étaient jusque-là ses compagnons d'armes.

Le défi lancé par Khâlid est relevé, suivi par une série de duels entre officiers musulmans et officiers byzantins. Pas un musulman ne tombe, tandis que les Byzantins s'écroulent inertes. Mahan, le commandant en chef byzantin, met fin aux duels de crainte qu'ils ne démoralisent ses troupes.

Les hostilités commencent par détachements de bataillons. Darar, l'un des meilleurs soldats de Khâlid, fidèle à ses habitudes, combat torse nu. Il agace l'ennemi par des apparitions subites accompagnées de grands éclats de rire. Il combat dans la gaieté, mais chacun de ces coups d'épée est comme celui de dix hommes.

La nuit de la première journée tombe sans qu'aucun camp ne remporte la victoire. Les pertes causées à l'armée byzantine sont grandes, mais ses lignes sont interminables.

Le soleil du second jour se lève.

Un cavalier masqué fait de nombreuses victimes dans les rangs byzantins. Il prend des risques inouïs, s'élance sans arrières, frappe à plusieurs reprises, se replie, puis repart dans les lignes ennemies à vive allure.

Khâlid le remarque. Et lors d'une pause, s'en approche et lui demande de défaire le voile qui lui dissimule le visage.

- C'est un ordre, dit-il au combattant qui hésite.

Le voile est défait. Les traits d'une jeune femme apparaissent.

- Je suis la sœur de Darar, dit-elle à Khâlid.

La nuit du second jour tombe.

Le quatrième jour, suite à une manœuvre courageuse de son fidèle compagnon Ikrimah, qui a pris une initiative sans avertir Khâlid, les lignes byzantines sont sérieusement enfoncées, mais les pertes musulmanes sont lourdes.

Le soir Khâlid est au chevet d'Ikrimah. Son courage l'émeut.

Le lendemain une idée lumineuse jaillit dans son esprit. Les Byzantins sont pris en tenaille par des vagues successives provenant de toutes les directions à la fois. Ils sont acculés vers le fleuve. L'armée d'Héraclius est en déroute, elle s'affaisse comme un énorme géant dont on aurait tranché les pieds. Un nombre impressionnant de soldats de l'empire tombent sur ce champ funeste.

La route vers Jérusalem est ouverte.

III.4 Le khalifat d'Ümar : de la Syrie à l'Egypte et Jérusalem (634 – 644)

Entre-temps, à Médine, Abû Bakr est alité. Ses derniers mots sont pour désigner Ümar ibn al Khattâb prochain khalife. Les fidèles s'inquiètent, Ümar est réputé pour son intransigeance sans pareille ; ils craignent de vivre un règne austère comme ils n'en ont jamais connu. « N'avez-vous pas entendu, les rassure Abû Bakr, l'envoyé de Dieu dire d'Ümar qu'il est de ceux que l'ange Djibrîl pourrait visiter, de ceux qui ont la personnalité des prophètes de Dieu. Je connais Umar mieux que quiconque. Il est seulement sévère parce que moi-même je suis doux. Lorsque je ne serai plus parmi vous, il sera avec vous comme un père ».

Abû Bakr s'éteint et la *oumma* prête serment à Ümar ibn al Khattâb.

Dès le premier jour le nouveau khalife se montre soucieux envers chacun. Le poids du khalifat est tel qu'il craint à chaque instant de ne pas être assez juste. Le prophète l'avait surnommé *al Faruq*, celui qui tranche entre le faux et le vrai. Son courage et sa piété sont légendaires. Les Médinois affirment qu'il gifle les démons, et que ces derniers fuient son chemin de peur d'être vus de lui.

Lors de son premier prêche à la mosquée, il se tient sur la troisième marche du *minbar*, car, explique-t-il, l'avant-dernière est réservée à Abû Bakr, et il ne sied à personne de se tenir sur la dernière marche où se tenait le prophète Muhammad.

Premier khalife à porter le titre d'*amir al mouminin* (commandeur des croyants), Ümar sera adulé. Il organise l'armée islamique à l'image des grandes armées modernes, s'inspirant des exemples de Byzance et de Perse. Il nomme des juges chargés d'appliquer la loi. L'esclavage des vaincus était une tradition de l'ère préislamique, il abhorre cette pratique. « Comment voulez-vous mettre des chaînes aux pieds de celui que sa mère a enfanté libre ! » hurle-t-il aux dignitaires.

Les conquêtes de Khâlid se multiplient. Il entre en Palestine.

Les patriarches de cette ville exigent la présence du khalife de l'islam pour leur reddition. Cette demande arrive à Ümar, qui sort aussitôt de Médine pour la Palestine, avec un seul compagnon à ses côtés, tel le Prophète, lors de l'hégire, ayant seul Abû Bakr pour compagnon.

A son arrivée, l'observant du haut d'un balcon, un patriarche confie à ses confrères : « C'est bien lui. C'est bien lui qui j'ai vu en rêve. »

Les patriarches sont impressionnés par l'humilité d'Ümar. Habitués aux riches robes et bijoux des dignitaires byzantins, ils sont surpris de voir le dirigeant des victorieux des byzantins s'habiller plus humblement que son propre compagnon de voyage.

Ümar assure aux patriarches que leur culte et leurs lieux de culte seront respectés. Contraindre à la conversion est strictement interdit en islam, et tous les lieux où l'on loue Jésus ou Moïse sont sacrés dans le cœur de tout musulman. Lorsque les patriarches lui demandent de prolonger l'interdiction faite aux juifs de pénétrer l'enceinte de Jérusalem telle qu'instaurée par l'empereur byzantin, Ümar leur répond qu'il ne peut accéder à cette demande.

Les patriarches l'invitent à visiter l'Eglise du Saint-Sépulcre. Le *azhân* (appel) qui leur parvient annonce le moment de la prière. Ils exhortent le khalife à faire la prière dans l'église. Ümar est touché par cette demande.

- Je crains, leur dit-il, que si je prie ici, dans l'avenir les musulmans ne vous prennent votre église en la déclarant sacrée.

Il sort de l'église, fait quelques pas à l'extérieur avec son compagnon, et sur une terre ferme, dirige la prière.

A l'endroit où il s'est prosterné, s'élève aujourd'hui la Mosquée d'Ümar, faisant face à l'Eglise du Saint Sépulcre.

Il se rend en pèlerinage à l'endroit d'où le Prophète est monté au ciel jusqu'au Jujubier de la Limite. Il donne des instructions pour qu'on y construise une majestueuse mosquée - qui sera le troisième lieu saint de l'islam (après la Mecque et la mosquée du Prophète). Puis il retourne à Médine.

Khâlid ibn al Walid perd ses forces et garde le lit, ses proches autour de lui veillant au repos du combattant.

- Il n'est d'endroit de mon corps qui ne porte la trace d'une bataille, leur dit-il. J'ai cherché dans tous ces combats la chute en martyr sur le sentier Dieu. Mais Il avait pour moi d'autres desseins. Et me voilà, auprès de vous, quittant ce monde dans mon lit.

Il s'éteint à Damas, en 642, à l'âge de cinquante-huit ans.

D'autres héros mènent l'armée islamique jusqu'en Egypte. Ümar y nomme un gouverneur.

Le gouverneur lui écrit qu'il souhaiterait appliquer totalement la loi islamique et couper la main aux voleurs.

- Oui tu le peux, lui répond Ümar. Mais alors tu acceptes que je te coupe la tête si quelqu'un vient d'Egypte me dire qu'il ne se nourrit pas correctement.

Le gouverneur lui écrit qu'il craint pour la récolte du pays, car le flux du fleuve Nil s'est arrêté. Ümar lui envoie deux lettres en réponse. Dans la première lettre il écrit :

- La seconde lettre est destinée au fleuve Nil. Va jusqu'au bord du Nil, et jettes-là dans l'eau.

Par curiosité le gouverneur lit la seconde lettre. Celle-ci est une injonction adressée au fleuve Nil :

- De Ümar, commandeur des croyants. Si ce n'est pas Dieu qui t'a créé, alors demeure sans couler. Mais si c'est Dieu qui t'a créé, alors, par le nom de Dieu, je t'ordonne de couler.

La lettre jetée dans l'eau, le Nil reprend sa course, et les récoltes de repartir de plus belle.

Par un jour de grande affluence, alors qu'il s'avance au milieu des rangées de fidèles pour aller diriger la prière dans la mosquée du Prophète, un homme (non musulman) se détache brusquement et vient porter plusieurs coups de couteau au khalife. On le transporte sur un lit, le couvre. Ses dernières instructions sont la formation d'un comité de sages chargé de désigner le prochain khalife.

Ümar décède en 644.

Üthmân est désigné.

III.5 Le khalifat d'Üthmân (644 – 656)

Üthmân poursuit les conquêtes au-delà de l'Egypte et de la Perse.

Au fur et à mesure que l'islam se répand, la nécessité d'avoir un Qur'ân relié se fait pressant. Üthmân demande à Hafsa (fille d'Ümar) de lui remettre tous les matériaux du Qur'ân en sa possession. Il réunit les scribes pour produire plusieurs copies. Les livres reliés sont envoyés aux différents gouverneurs.

Ces livres, gigantesques manuscrits de plusieurs dizaines de kilogrammes, ont été conservés au Caire, à Instanbul, en Ouzbékistan.

III.6 Andalousie

Une délégation de juifs et de chrétiens unitariens vivant en Espagne vient retrouver le gouverneur musulman d'Afrique du Nord pour lui confier :

- Nous souffrons du joug impitoyable des chrétiens trinitaires. Venez en Espagne et nous serons à vos côtés.

En 711, une armée dirigée par Tarek ibn Zihad, aborde les côtes espagnoles. En 714 toute la péninsule ibérique est gouvernée par les musulmans.

Ils y demeurent huit cent ans (du VIIIème au XVIème siècle), y développent l'architecture, la littérature, les sciences, y inventent des objets volants, y traduisent les philosophes grecs, y font naître une théologie islamique se nourrissant d'Aristote, y débattent passionnément, créant un âge d'or tandis que l'ombre du moyen âge plane sur le reste de l'Europe.

Des juifs occupent des postes importants dans l'administration, sont envoyés auprès de nations chrétiennes en qualité d'ambassadeur du khalife.

Toutes les autres nations qui reçoivent ces émissaires d'Andalousie craignent de ne pas être à la hauteur du raffinement dans lequel vivent ces serviteurs du khalife.

III.7 Inde, Turquie, Asie de l'Est

De l'autre côté du monde, à l'est, les fils de Gengis Khan font pénétrer la lumière de l'islam dans l'Asie profonde. Le Taj Mahal s'élève de la terre vers les cieux.

III.8 D'analphabète à plus grand homme de l'humanité

Au XIXème siècle, essentiellement par le biais du travail fouillé de Lamartine sur l'empire ottoman, la France découvre cette rapidité phénoménale avec laquelle l'islam s'est répandu dans le monde par le prêche d'un homme et la chevauchée de quelques héros. A travers la plume de ses plus grands hommes, elle s'émerveille alors sur le prophète Muhammad.

Victor Hugo lui fait dire : « *Je suis cendre comme homme, et feu comme prophète. J'ai complété d'Issa la lumière imparfaite. Je suis la force, enfants ; Jésus fut la douceur. Le soleil a toujours l'aube pour précurseur* ».[133]

Lamartine dit de lui : « *Jamais un homme ne se proposa, volontairement ou involontairement, un but plus sublime, puisque ce but était surhumain : saper les superstitions interposées entre la créature et le Créateur, rendre Dieu à l'homme et l'homme à Dieu, restaurer l'idée rationnelle et sainte de la divinité dans ce chaos de dieux matériels et défigurés de l'idolâtrie... Jamais homme n'accomplit en moins de temps une si immense et durable révolution dans le*

---

[133] *L'An Neuf de l'Hégire, La Légende des Siècles.*

monde, puisque moins de deux siècles après sa prédication, l'islam, prêché et armé, régnait sur les trois Arabie, conquérait à l'Unité de Dieu la Perse, le Khorassan, la Transoxiane, l'Inde occidentale, la Syrie, l'Egypte, l'Ethiopie, tout le continent connu de l'Afrique septentrionale, plusieurs îles de la méditerranée, l'Espagne et une partie de la Gaule. Si la grandeur du dessein, la petitesse des moyens, l'immensité du résultat sont les trois mesures du génie de l'homme, qui osera comparer humainement un grand homme de l'histoire moderne à Mahomet ? »[134]

Napoléon, qui a vécu parmi les musulmans d'Egypte, s'est joint à eux dans la prosternation, à ses dernières heures, dans le calme de la retraite de Sainte-Hélène, lorsque tous ses canons de guerres se sont tus, a confié : *« Puis enfin, à un certain moment de l'histoire, apparut un homme appelé « Mohamed ». Et cet homme a dit la même chose que Moïse, Jésus, et tous les autres prophètes : il n'y a qu'Un Dieu. C'était le message de l'Islam. L'Islam est la vraie religion. Plus les gens liront et deviendront intelligents, plus ils se familiariseront avec la logique et le raisonnement. Ils abandonneront les idoles, ou les rituels qui supportent le polythéisme, et ils reconnaîtront qu'il n'y a qu'Un Dieu. Et par conséquent, j'espère que le moment ne tardera pas où l'Islam prédominera le monde, car il prédominera le monde. »*[135]

Au XXème siècle, des chercheurs affiliés à la NASA et à l'armée américaine classent Muhammad « homme le plus influent du monde »[136], en tête d'une liste d'une centaine de personnalités dont Jésus Christ. Le second de cette liste est Isaac Newton, confirmant ainsi que

---

[134] *Histoire de la Turquie.*
[135] *Correspondance de Napoléon I, Journal de Sainte Hélène.*
[136] A ranking of the most influent persons in history, Michael H. Hart.

l'humanité avance sur deux pieds, la spiritualité et la science, formant l'équilibre nécessaire à l'évolution de l'espèce humaine.

L'Arabie n'était qu'un vaste désert peuplé de petites tribus, à l'ombre des grands empires. Un homme est né parmi elles, intègre, affable, ne sachant ni lire ni écrire, car orphelin dès le bas âge. Un livre du ciel est descendu signe par signe sur lui, le désignant sceau de la prophétie, ultime messager, revitalisation d'un message ancien de plusieurs millénaires, dernière lueur de Dieu donnée à l'humanité avant les retrouvailles et les jugements irréversibles.

Qur'ân 21,107 Ô Nous ne t'avons envoyé que comme miséricorde pour l'Univers.

IV Le messie Jésus

IV.1 L'information exhaustive

Tu concéderas que le musulman, s'il peut remettre en cause l'authenticité de la Bible, questionner les choix des pionniers du dogme, les interprétations qui sont faites du texte biblique, jamais ne il s'en prend ni à la personne de Jésus, considéré comme un envoyé de Dieu[137], donc un être irréprochable, ni à aucun de ses compagnons, tous loués dans le Qur'ân pour avoir été à ses côtés[138].

Le chrétien a souvent une démarche inverse. S'il dit ne rien reprocher au musulman, s'il considère que son non acceptation de Jésus comme Dieu est le fruit de son éducation, de son environnement, de sa mauvaise compréhension des écritures (pour celui notamment qui a quitté le christianisme), cette indulgence est très vite contrebalancée par une hostilité vindicative à l'égard du prophète Muhammad, sur lequel pleuvent les plus basses calomnies, jamais parées de l'éclat de la nouveauté, toujours recouvertes de la poussière de l'accumulation des siècles, toujours déclinantes telle la voix du vieux prédicateur se courbant et épuisée des litanies inopérantes : épouse jeune (Ä'isha), disciple de rabbin inconnu, chef de guerre (le titre exact étant plutôt « chef d'état »), antéchrist[139], etc..

---

[137] *Qur'ân 2,136 Dites : « Nous croyons en Dieu, à ce qui a nous a été révélé, à ce qui a été révélé à Ibrâhîm, Ismâ'ïl, Ishâq, Ya'qûb et aux tribus, à ce qui a été donné à Mûsâ et Ïssâ, à ce qui a été reçu par les prophètes de leur Seigneur. Nous ne faisons pas de différence entre eux, et c'est à Lui que nous sommes soumis. »*

[138] *Qur'ân 3,52-53 Les disciples dirent : « C'est nous qui sommes les alliés de Dieu. Nous avons foi en Dieu et sois témoin que nous Lui sommes totalement soumis. »*

[139] *1 Jean 4,3* énonce : « *tout esprit qui confesse que Jésus n'est pas de Dieu est celui de l'antéchrist* », tandis que *1 Jean 4,2* déclare messager de Dieu tout

Entre 1800 et 1950, soixante mille livres ont été écrits contre le prophète Muhammad, soit plus d'un livre par jour, essentiellement par des orientalistes ; depuis quelques décennies le décompte s'est arrêté, car ces livres sont devenus légion et leurs auteurs de moins en moins informés. D'une part les meneurs de ces vaines tentatives devraient remercier les chroniqueurs et historiens musulmans, qu'ils ne lisent jamais exhaustivement mais toujours en diagonale[140], à la recherche d'informations qu'ils puissent brandir contre le Prophète ; d'autre part, ils ne s'adressent qu'à leurs ouailles pour les retenir, qu'à leurs admirateurs et ceux qui pensent comme eux, et ils sont loin d'ignorer que se servir de leurs minces trouvailles auprès d'un musulman aurait l'effet inverse recherché. Ces critiques étant connues, récurrentes, le musulman y répondra par des explications claires, connaissance exhaustive contre ignorance et ouï-dire ; et si, malgré cela, la mauvaise foi demeure, car le mauvais esprit recèle de malices pour enfermer l'esprit humain dans ses obscurs filets, il lui récitera le hadîth « *Celui que Dieu guide nul être humain ne peut l'égarer, et celui que Dieu égare nul être humain ne peut le guider* ».

La liste est longue cependant, parmi les plus extrémistes des idéologues, de ceux qui ont fait de la critique de l'islam et des musulmans un véritable sacerdoce, se sont documentés jour et nuit pour bâtir des arguments d'airain, et qui, par le ressac des destinées, à force de découvertes et d'émotions, à mesure que la force de la vérité

---

esprit reconnaissant Jésus comme émissaire de Dieu. C'est donc *1 Jean 4,3* qui est applicable à Muhammad et non *1 Jean 4,2*.

[140] Ibn Ishâq (que Dieu l'agrée), considéré comme le premier et le plus grand rapporteur de *la Sîra*, est souvent critiqué par les principaux exégètes musulmans, l'imam Malick et l'imam Hanbal, pour ses approximations et histoires non fondées, dénuées de toute chaîne de transmission.

triomphe de la pulsion du rejet, ont fini par quitter le morne cénacle des détracteurs de messagers de Dieu pour rejoindre l'auguste assemblée des humbles qui s'inclinent et se prosternent[141].

En s'en prenant au porteur de message, ils en avaient oublié le message. Muhammad n'est que le doigt fixé vers la voûte céleste. Ils ont observé le doigt et n'ont pas vu le firmament. Ils ont ignoré que le Qur'ân a plus d'effets sur le cœur humain que le plus grand sermon du plus éloquent des prêcheurs, que les larmes versées à sa psalmodie doivent plus à la mansuétude de Dieu qu'à la prédication de Son prophète. Ils ont compris qu'ils ont tout vu à travers leurs propres prismes, leur propre éducation, qu'ils ont confondu christianisme et islam, que si Jésus est à la fois porteur de message et message, s'il est à la fois prophète et dieu, Muhammad n'est que prophète et Dieu reste Dieu, et qu'une fois que le musulman aime éperdument Dieu, il finit par aimer éperdument celui qui lui a fait connaître Dieu, jusqu'à lui vouer une déférence et une affection qui dépassent sa propre personne.

Puis, en regardant leur passé de négateur, de procureur agitant ses feuillets d'allégations, ils se demandent comment eux, qui n'étaient que des orateurs, des défenseurs d'une imaginaire forteresse culturelle surplombée du donjon christianisme, fleur de lys et étendards de croisades flottant dans les brumes, eux Don Quichotte d'un combat imaginaire, comment ont-ils pu, contre le prophète de l'islam, aiguiser des armes auxquelles aucun de ses véritables ennemis, de son vivant, n'a jamais eu recours. Pourquoi ceux-là, puissants seigneurs Quraychs

---

[141] Parmi eux, les plus hostiles, au XXème et XXIème siècles, au Prophète et à l'islam et qui ont fini par rejoindre sa communauté : Arthur Wagner, Arnaud van Dorn, Joram van Klaveren.

et leurs alliés, armés et déterminés à anéantir le prophète et sa religion, complotant et dépensant, le connaissant depuis son enfance, membres dominants de sa tribu, pourquoi, pour écarter ses compagnons de Muhammad, pour faire renier leurs serments aux communautés grandissantes des alliés et affiliés à Médine, pourquoi n'ont-ils jamais eu recours à ces stratagèmes sur la jeunesse de son épouse, le nombre de ses épouses, sa chefferie de guerre ? Parce que ceux-là, ses véritables ennemis, savaient Muhammad homme de leur temps, et nous, se disent-ils, ses faux ennemis, qui nous sommes évertués à arrêter la mer avec nos bras, nous savons maintenant qu'il est homme de tous les temps.

En ramenant le regard sur ce dont ils se sont longtemps détournés, ils finissent par reconnaître que si, parmi tous les grands hommes de l'humanité, il en est quelques-uns, malgré tous les siècles qui nous séparent d'eux, qui sont le phare, l'hymne quotidien, le modèle, l'objet d'affection de milliards d'individus, parmi tous les peuples et toutes les conditions, c'est qu'il en est eux un dépôt, au-delà de l'entendement humain, par la volonté d'une puissance supérieure, qui les rend différents de tous les autres êtres qui marchent sur cette terre.

Jésus figure parmi ceux-là. Il a sa place constante dans les listes des personnages les plus influents du monde, listes issues d'études sérieuses par la diversité de leurs critères et dignes par la sincérité de leurs arguments. Leurs auteurs, de culture chrétienne, auraient souhaité mettre leur idole, Jésus, au premier rang, mais ils ont dû reconnaître, qu'à l'opposé de Muhammad, il n'a été ni père de famille, ni grand-père, ni imam, ni chef d'état, ni pionnier de la première constitution de l'humanité. Son influence est certes immense au vu de tous les adeptes de la religion qui porte son nom, mais aussi grand est le paradoxe entre cette place tout à fait exceptionnelle dans l'histoire de l'humanité et la très infime information qui a fait cette place.

A-t-il fallu prodiguer très peu d'informations pour ne faire émerger que la figure du prêcheur et occulter celle du fils, du frère, du travailleur, du *fils de l'homme* comme il s'est lui-même présenté ? Peu d'informations nourrissent-elles le mythe tandis qu'une profusion d'informations mène à la normalité ? L'homme n'était-il que prêches et miracles ou était-il également colère, inquiétude, piété et soumission, comme le laissent entrevoir certains passages canoniques et comme le sont tous les hommes ? A-t-il fallu imprimer dans les imaginaires la figure d'un être en toutes circonstances baigné de l'halo divin ? A-t-il fallu plus stimuler l'imagination qu'interpeller la raison ? L'imagination de l'homme a cette force sans limite qu'elle sublime ce qu'elle n'a pas vu, complète ce qu'elle ignore, annihile les imperfections, arrondit et lisse pour construire une figure surélevée, au point que l'être imaginé n'a plus rien de commun avec l'être réel.

Nulle chronique, nul paragraphe dans un livre autre que les évangiles, et si peu de choses dans ces évangiles. L'enfant naît, la famille se retire en Egypte, puis un jeune homme d'une trentaine d'années apparaît, jeûne, retrouve Jean-Baptiste au bord de l'eau, et débute son ministère. A-t-il eu cinq ans, dix ans, quinze ans, vingt ans ? Certes oui. Combien de temps a-t-il prêché ? Un an selon trois évangiles, trois ans selon le plus controversé, le plus tardif, le johannique. Les caves du Vatican recèlent-ils d'autres informations que les soixante autres évangiles déclarés apocryphes ? Si le drap épais de l'apocryphe a permis de faire émerger la figure d'un messie, il a aussi eu son revers de déification du personnage.

A l'opposé du christianisme, le concept d'apocryphe ou de secret théologique n'existant pas en islam, on dispose d'une multitude d'informations sur le Prophète, ses aïeux, sa descendance, ses compagnons, récits de tout temps accessibles à tous, jamais uniquement réservés aux initiés (comme la Bible le fut longtemps). Le Prophète n'en demeure pas moins objet de déférence suprême et de vénération pour des milliards d'individus, vénération tempérée par l'interdiction formelle du *shirk* (idolâtrie) en islam. Comment serait alors perçu le prophète de l'islam si l'orthodoxie avait fait brûler ou cacher toutes les informations ne participant pas à lui donner un caractère « surhumain », si seuls ses miracles et sa psalmodie étaient contés ? Les musulmans sont comblés d'avoir pour modèle un homme, un être humain, certes meilleur, infiniment plus influent, mais semblable à eux. C'est le dessein de Dieu de donner aux hommes un exemple qu'ils puissent suivre : « *Dis : si les anges marchaient sur terre, Nous aurions envoyé un ange comme messager* »[142].

Le croyant, celui dont la plus grande satisfaction est l'agrément de Dieu, par-dessus toutes les félicités de l'ici-bas et de l'au-delà, celui qui qui ne cherche qu'à Lui plaire, qui ne vit que pour Lui dire un jour : « Tu as interdit, je me suis abstenu. Tu as enjoint, je me suis évertué. Pour tout le reste, je demande Ta grâce et Ta miséricorde », ce croyant-là, pour la paix de son âme, pour mener à bien sa mission, a-t-il plus besoin d'un innocent qui porte ses péchés ou d'un modèle qu'il puisse aimer et imiter ?

IV.2 Son nom

---

[142] *Qur'ân 17,95.*

Le nom qui fait consensus auprès des historiens est « Yéshoa », latinisé en « Jésus ».

Dans le Qur'ân, son nom est quasi systématiquement associé à celui de sa mère, Marie. Il y est ainsi plus souvent appelé « Ïssâ ibn Maryam » (Jésus fils de Marie) que « Ïssâ ». En langue arabe, le concept de *nom de famille* n'existant pas, pour l'identifier et le distinguer de ses homonymes, le prénom de l'individu est complété par celui de son père précédé du qualificatif « *ibn* » (fils de) ou « *bint* » (fille de). Or, de tous les - très rares - personnages du Qur'ân, Ïssâ est le seul à porter ainsi le nom de son parent. Il y a sans doute deux raisons à cela : la première pour rattacher la personne de Jésus à celle de Marie, élevée au rang de « meilleure des femmes des mondes »[143] ; la seconde pour marquer le caractère humain de Jésus par le rappel constant de sa mère biologique.

Cette association entre mère et fils est moins accentuée dans les évangiles. Marie y est très peu contée, le titre *mère de Dieu* lui étant conférée que bien plus tard par l'orthodoxie. Elle y est appelée « Femme ! »[144] par son fils, et non « Mère ». Lorsqu'on y apprend à Jésus qu'il est recherché par sa mère et ses frères, il répond « *Qui est ma mère, qui sont mes frères ?* »[145]. Ses mère et frères sont « ceux qui le suivent »[146]. On est ainsi tenté de penser que Jésus, dans les évangiles, aurait pu naître d'une autre femme, dont on n'entendrait plus parler par la suite tant son rôle est quasi inexistant. Autant la

---

[143] Le verset *Qur'ân 4,157* évoque un châtiment infligé à ceux qui ont fait courir une ignoble calomnie sur Marie.
[144] *Jean 2,4 ; Jean 19,26.*
[145] *Marc 3,33.*
[146] *Marc 3,34.*

Marie des Evangiles devra son statut (futur) auprès de l'église par l'unique fait qu'elle ait porté « dieu » (ce qui fait d'elle, paradoxalement, la génitrice et la créature d'un même être), autant *Maryam*, unique personnage féminin du Qur'ân, a son importance par elle-même, par sa piété, la place privilégiée qui lui a été faite dans le temple[147].

IV.3 Sa naissance

Etre né sans père a été donné, selon le Qur'ân et la Bible, à Adam et à Jésus, tout comme ils reconnaissent qu'Eve est venue au monde sans mère. Melchisédek, sacrificateur et roi, est né sans père ni mère[148]. Selon donc les Ecritures la naissance miraculeuse n'est pas limitée à Jésus.

Pour tout croyant, chrétien ou musulman, créer un être vivant du néant est, doit être, pour Dieu, Créateur de l'univers, la chose la plus simple qui soit. La création est l'attribut premier de Dieu. Le Qur'ân précise qu'il Lui suffit de dire « *Sois !* » et la chose est[149]. Selon l'Evangile johannique, « *toutes choses ont été faites par la Parole* »[150].

---

[147] Le Qur'ân relate les prières régulières de Maryam au temple : *Or chaque fois que Zaccaria se rendait au temple où elle demeurait, il trouvait de la nourriture auprès d'elle. Il lui demandait : « Ô Maryam ! D'où cela te vient-il ? » Et elle répondait : « Cela me vient de Dieu. Dieu donne à qui Il veut sans compter. » (Qur'ân 3,37).*

[148] *Hébreux 7.3.*

[149] *Qur'ân 16,40 Lorsque Nous voulons une chose, il Nous suffit de dire « Sois ! » et la chose est.*

Qur'ân 19,35 Il est inconcevable que Dieu se donne un fils. Gloire à Lui.

Lorsqu'Il décrète une chose, il Lui suffit de dire « Sois » et la chose est.

[150] *Jean 1,3 Toutes choses ont été faites par elle, et rien de qui a été fait n'a*

Bien que ces deux versets, issus de deux livres saints aux théologies radicalement antinomiques, s'accordent sur le pouvoir absolu de la « parole de Dieu », sur le fait que Jésus, en sa qualité d'envoyé prêchant la bonne parole, peut être appelé « verbe de Dieu »[151], musulmans et chrétiens lisent différemment les premiers versets de l'Evangile selon Jean.

Le chrétien y voit Jésus (bien que son nom n'y soit pas cité) décrit comme Parole, puis comme Dieu Lui-même, puisque « la Parole était Dieu »[152]. Le Verbe, relais de la Parole, est ainsi la Parole elle-même, qui est elle-même l'Auteur de la Parole, et donc Dieu.

L'islam, en toutes circonstances, distingue la « Parole de Dieu » (le Qur'ân, la Thora, l'Evangile), de son relais auprès des hommes (les messagers), et de l'entité émettrice de la Parole (Dieu). La Parole de Dieu est transmise aux hommes pour leur donner une direction de vie, elle est également le « souffle » divin qui donne vie aux êtres, animaux et végétaux. Âdama n'est « qu'eau et argile » sans le souffle divin.

Islam et christianisme reconnaissent sans peine la naissance miraculeuse d'Adam, né sans père ni mère - identiques à lui -, cependant ni l'islam ni le christianisme n'attribuent la moindre divinité à Adama. Le Qur'ân interpelle sur cette similitude : « *Il en a été pour Jésus comme il en a été pour Adam. Dieu l'a créé d'argile, puis Il lui a dit « Sois » et il fut* »[153]. A cette interpellation l'orthodoxie chrétienne répond que Jésus n'a pas pêché tandis qu'Adam a pêché, que Jésus a

---

été fait sans elle.
[151] *Kalimatou'Lâhi* en arabe signifie « Parole de Dieu ».
[152] *Jean 1,1 Au commencement était la Parole, et la Parole était avec Dieu, et la Parole était Dieu.*
[153] *Qur'ân 3,33.*

été « engendré » tandis qu'Adam a été créé. Sont-ce là les propos de Jésus, ou des déductions faites de ses prêches ou des sermons de ses compagnons ? Certes non. Bien que toute théologie ne puisse reposer entièrement sur les enseignements de son prophète, bien qu'il soit humain et concevable qu'il subsiste toujours quelques zones d'ombre, quelques questions laissées à la sagesse et au bon jugement des hommes[154], il est primordial que le socle, la fondation, les piliers de toute théologie, reposent sur des propos irrécusables du messager.

Le Qur'ân rappelle aux hommes qu'ils ne doivent en rien s'émerveiller des naissances miraculeuses, à moins qu'ils ne doutent de l'omnipotence de Dieu ; il convie l'homme à lever les yeux et constater que, malgré toute sa complexité interne et externe, il est peu de choses comparé à l'univers ; il rappelle à l'homme la nécessité de s'extraire des limites de son enveloppe corporelle et à ne pas concevoir Dieu semblable à lui, car la création des innombrables étoiles, les équilibres des astres obtenus « sans piliers qu'il puisse voir »[155], toute cette immense création n'a pas coûté à Dieu le moindre effort.

---

[154] Après avoir confié le gouvernorat d'une région à un proche compagnon, le Prophète lui demande comment il va présider aux destinées de ses habitants. « Selon le Qur'ân, ô envoyé de Dieu », répond le compagnon. « Et si tu ne trouves pas la réponse dans le Qur'ân ? » « Selon ta tradition, ô envoyé de Dieu ». « Et si tu ne trouves pas la réponse dans ma tradition ? » « Alors selon mon bon sens, ô envoyé de Dieu ». Cet échange indique la hiérarchie des sources de vérité pour tout croyant. La mission de l'envoyé de Dieu est de ne laisser aucune grande question sans réponse. Si les hommes, après son départ, sont confrontées à des questions pour lesquelles ils n'ont pas obtenu de réponse de son vivant, c'est qu'elles ne lui avaient pas été soumises, et surtout qu'elles ne doivent pas être traitées comme de grandes questions, au mieux relèvent-elles de la raison et du bon sens.

[155] *Qur'ân 31,10 Il a élevé les cieux sans piliers que vous puissiez voir.*

La création des hommes est bien peu de chose comparée à celle des cieux et de la terre, mais la plupart des hommes ne savent pas.[156]

Nous avons créé les cieux, la terre et les espaces interstellaires en six périodes, sans avoir ressenti la moindre lassitude.[157]

Ce dernier verset récuse le « caractère humain » donné à Dieu dès les premiers versets de la Genèse : « *il se reposa au septième jour de toute son œuvre* »[158]. L'homme n'a qu'une vue très parcellaire de l'œuvre de Dieu, il ne perçoit pas le mystère des êtres proches de lui ni la réalité des choses éloignées de lui[159], cependant que cette création du visible et de l'invisible ne peut être comparée à une œuvre humaine nécessitant un repos.

A travers la sourate *Maryam*[160], Dieu s'adresse à tous ceux qui doutent de la naissance miraculeuse de Jésus, à tous ceux qui donnent à cette naissance un sens qu'il ne lui pas été donné du vivant de Jésus, évoque les douleurs de la grossesse comme toute femme en subit, le secours de Dieu[161], les propos de l'enfant dès le berceau pour disculper Marie des accusations de ses proches[162], détaillant des faits absents des évangiles.

---

[156] *Qur'ân 40,57.*

[157] *Qur'ân 50,38.*

[158] *Genèse 2,2.*

[159] *Qur'ân 32,5 Il décide de toutes choses de la terre depuis le ciel ; et tout Lui remonte en un jour de ce que vous comptez en mille ans. Tel est le Connaisseur de l'invisible et du visible, le Puissant, le Miséricordieux.*

[160] *Sourate 19.*

[161] *Qur'ân 19,24-25 Alors une voix l'appela de dessous d'elle : « Ne t'afflige point. Ton Seigneur a fait jaillir un ruisseau à tes pieds. Et secoue vers toi la branche du palmier, il en tombera des dattes mûres ».*

[162] *Qur'ân 19,27-30.*

Chaque envoyé de Dieu se présente avec des miracles, comme garants de l'agrément du Seigneur : celui de Jésus fut d'être venu au monde d'une vierge, celui de Muhammad de faire jaillir un Livre de la poitrine d'un analphabète. Le Seigneur crée Son Verbe sous forme d'un prêcheur issu d'une femme qu' « aucun homme n'a touchée », connue des siens pour sa piété et sa vertu, puis, six siècles plus tard, alors que les hommes s'émerveillent, ou doutent, de cette naissance, Il envoie son Verbe sous forme de versets, qui seront les plus lus, les plus mémorisés, les plus psalmodiés de tous les textes ici-bas et les plus surprenants par leur beauté sans cesse renouvelée, éclos de l'ignorance d'un analphabète connu des siens pour sa noblesse et son intégrité. Les signes, les symétries, sont disséminés dans l'œuvre de Dieu, afin que tous ceux qui prennent le temps de les réfléchir raffermissent leur foi : « *C'est ainsi que Nous exposons Nos signes pour ceux qui réfléchissent* »[163].

---

[163] *Qur'ân 10,24.*

IV.4 Sa mission

Si, parmi les plus proches compagnons du prophète Muhammad, on compte Perses (dont Salman le Perse), juifs (dont Abdallah ibn Salam), Abyssins (dont Bilâl), Arabes qurayshites (dont les Mecquois), Arabes non qurayshites (dont les Médinois), tous les compagnons de Jésus sont juifs. Tout l'enseignement de Jésus a été intégralement et exclusivement prodigué à des coreligionnaires juifs. Aucun des échanges qu'il a eu avec les païens n'a de portée religieuse : guérison de la fille d'une cananéenne[164], du serviteur du centurion[165], du Gérasénien possédé[166], du samaritain lépreux[167].

Le seul propos, très équivoque[168], qui étend cette mission, n'a été prononcé qu'après la résurrection, cependant que cette résurrection ne s'est faite qu'auprès de ses compagnons, tous juifs[169].

---

[164] *Marc 7,24 et suivants.*

[165] *Luc7,1 et suivants.*

[166] *Luc 8, 26 et suivants.*

[167] *Luc 10,29.*

[168] Voir paragraphe *Messie des Juifs ou messie de l'humanité* au chapitre II.4.5.

[169] A elles seules cette homogénéité des compagnons de Jésus d'un côté et diversité des compagnons de Muhammad de l'autre illustrent le principe islamique quant aux périmètres des missions des dizaines de milliers de prophètes : tous les prophètes d'Adam à Jésus ont été envoyés à une communauté et pour un temps déterminé ; seul le dernier des prophètes, venant synthétiser et conclure toutes les missions, arrivé à l'heure où un message peut traverser tous les espaces et atteindre tous les peuples, seul ce sceau des prophètes a été envoyé à l'humanité entière et pour tous les temps.

IV.5 La crucifixion

Le supplice de la crucifixion, consistant à exécuter dans l'humiliation et la douleur le condamné cloué nu sur la croix, était alors réservé aux plus vils de la société, ou considérés comme tels : voleurs, violeurs, meurtriers. Selon le Qûr'an, Dieu a épargné ce châtiment à Son missionnaire coupable uniquement d'avoir prêché. Le même Qûr'an relate comment Dieu avait sauvé le prophète Yunus[170] (Jonas) des ténèbres des fond marins[171] dans lesquels l'avait mené l'incrédulité des hommes, ou comment avant lui Il avait sauvé le prophète Ibrâhîm jeté au feu par l'idolâtrie des hommes[172].

Le Qur'ân évoque certes « une crucifixion », cependant qu'il précise que ceux qui étaient présents ont été victimes d'illusion, et que Dieu, dans Sa clémence, a sauvé Ïssâ. Quant aux « comploteurs », ils ont été maudits pour deux raisons : la calomnie contre Marie[173] et la proclamation de l'exécution de Jésus.

Et à cause de leur parole : « Nous avons tué le messie, Jésus fils de Marie, messager de Dieu ». Ils ne l'ont ni tué, ni crucifié, mais il leur est apparu comme tel. Que l'entendent ceux qui ne le reconnaissent pas ou sont dans le doute. Ils n'en ont nulle connaissance si ce n'est qu'ils se répandent en conjectures. En vérité, ils ne l'ont point tué,

Mais c'est Dieu qui l'a élevé vers Lui. Car Dieu est puissant et sage.[174]

---

[170] Paix et bénédiction sur lui.

[171] *Qur'ân 21,88 Nous avons entendu sa prière et l'avons délivré de son angoisse. C'est ainsi que nous sauvons les croyants.*

[172] *Qur'ân 21,69 Nous dîmes : « Ô feu sois fraîcheur et paix pour Ibrâhîm. »*

[173] *Qur'ân 4,156.*

[174] *Qur'ân 4,157-158.*

Et ils ont comploté, mais Dieu riposta, et Dieu est meilleur stratège.

Et Dieu dit : « Ô Jésus ! Je vais t'élever vers Moi, et Je te purifierai de ceux qui ne croient pas, et Je ferai en sorte que ceux qui te suivent soient au-dessus de ceux qui ne croient pas, jusqu'au jour de la résurrection. Puis vous ferez tous retour vers Moi et Je trancherai vos différends.[175]

IV.6 La résurrection

Si le Qur'ân n'évoque pas la résurrection de Jésus, ce n'est qu'une conséquence de l'illusion de la crucifixion. Cette crucifixion, à la lecture des versets précédents, semble avoir été très tôt un sujet de controverse parmi les contemporains de Jésus, d'autant qu'aucun de ceux que le dogme présente comme auteurs des évangiles n'a été témoin de cette crucifixion.

Paul de Tarse, l'apôtre n'ayant jamais côtoyé Jésus, déclare : « *Si Christ n'est pas ressuscité, votre foi est vaine, vous êtes encore dans vos pêchés* »[176]. Il signe ainsi la profession de foi qui fera de la résurrection la pierre angulaire du christianisme. De tous les miracles qui jalonnent la vie de Jésus, c'est cette résurrection qui est choisie par Paul de Tarse, l'auteur de la moitié du Nouveau Testament, comme le garant de l'authenticité, non du message, mais de la divinité de Jésus.

Les « non adeptes » de la résurrection avancent généralement quatre types d'argument pour réfuter cet « évènement » fondateur : les « trois jours et trois nuits » annoncés par Jésus ne se retrouvent pas

---

[175] *Qur'ân 3,54-55.*
[176] *1 Corinthiens 15,17.*

dans les récits de la crucifixion et de la résurrection tels qu'ils sont relatés dans les évangiles ; la similarité avec le miracle de Jonas est infondée car Jonas est resté vivant durant tout la durée de son miracle ; d'autres prophètes bibliques sont montés au ciel vivants ; Dieu (ou Son Fils) étant divin par essence, Il ne peut mourir.

IV.6.1 Les trois jours et trois nuits

Selon *Matthieu*, des scribes et des pharisiens demandent à Jésus un miracle. Après les avoir traités de « génération méchante et adultère »[177], il leur répond : « *le Fils de l'homme sera trois jours et trois nuits dans le sein de la terre* »[178].

Or, la crucifixion a lieu vendredi et la résurrection dimanche, ce qui fait un jour entier (au sens judaïque du terme, le jour se comptant à partir de la tombée de la nuit) et deux nuits. Les propos ne pouvant être réconciliés avec les faits, l'un, au moins, des deux n'est pas authentique.

IV.6.2 Le miracle de Jonas

Le prophète Jonas, lassé d'appeler en vain son peuple à la foi en un seul Dieu, et, surtout, craignant que la punition de Dieu ne s'abatte sur sa cité, fuit celle-ci sur un bateau de marchands. Une tempête en haute mer secoue violemment l'embarcation. Il faut réduire sa charge pour éviter qu'elle ne chavire. Un tirage au sort le désigne. Il est jeté en mer.

---

[177] Matthieu 12,39.
[178] Matthieu 12,40.

Entraîné dans le tumulte des eaux, il est avalé par un animal marin. Il demeure cependant vivant dans ses entrailles. Pensant fuir la colère divine, le voilà prisonnier de celle-ci, dans l'endroit le plus inattendu. Submergé par le remords, il implore la miséricorde de Dieu par l'invocation qui reconnaît la faiblesse de l'homme tout en louant la grandeur de Dieu : « *Il n'y a de divinité que Toi. Louanges à Toi. Je suis du nombre des prévaricateurs* »[179]. Pendant qu'il répète inlassablement cette prière, durant trois jours et trois nuits, l'animal se dirige vers sa cité, et, arrivé à ses rives, l'évacue affaibli, quasi inerte, mais vivant.

Jésus, en annonçant qu'en sa personne ce miracle, connu de son auditoire, va se reproduire, interpelle à la fois la connaissance et la foi des tenants de la loi juive : « *De même Jonas fut trois jours et trois nuits dans le ventre d'un grand poisson, de même le Fils de l'homme sera trois jours et trois nuits dans le sein de la terre.* »[180]

« De même » Jonas prêche à un peuple incroyant, « de même » Jésus est confronté à la défiance des dirigeants de son peuple ; « de même » Jonas disparait du regard des hommes pendant trois et trois nuits, « de même » Jésus prophétise qu'il disparaîtra du regard des hommes pendant la même durée.

Si ce n'est leurs différences de lieu, le premier dans le ventre d'un poisson, le second dans le ventre de la terre, les deux miracles sont annoncés comme parfaitement identiques dans leurs réalisations. Or, durant ces trois jours et trois nuits, Jonas demeure vivant, en prières ;

---

[179] *Qur'ân 21,87*. L'invocation de Yunus (Jonas) fait souvent partie des prières récitées par l'imam debout durant les nuits de *târâwikh*, et par les fidèles pour clôturer les rituels quotidiens. Elle est censée donner un haut niveau de protection.
[180] Matthieu 12,40.

tandis que, selon les évangiles, Jésus est mort, dans le sépulcre. On peut donc penser que si Jésus n'annonce pas cette différence d'état, à la manière qu'il annonce la différence de lieu, c'est qu'elle n'a pas lieu d'être, et qu'il était donc censé disparaître du regard des hommes tout en restant vivant.

IV.6.3 Les ascensions ou résurrections d'autres prophètes bibliques

L'Ancien Testament mentionne deux prophètes montés au ciel vivants : le patriarche Hénoch[181], le prophète Elie[182]. Cette « montée au ciel », selon la Bible, ne revêt donc aucun caractère exclusif.

La faculté de ressusciter les morts a été donné, selon l'Ancien Testament, à Elie[183], à Elisée[184]. Elisée est lui-même ressuscité d'entre les morts[185]. Ressusciter les autres ou être ressuscité soi-même n'est pas donc pas exclusif à un seul personnage biblique.

Le Qur'ân évoque également plusieurs cas de résurrection : un groupe de milliers d'individus que Dieu fait mourir puis ressusciter[186], le

---

[181] *Genèse 5,24 Hénoc marcha avec Dieu ; puis il ne fut plus, parce que Dieu le prit.*

[182] *2 Rois 2,11 Comme ils continuaient à marcher en parlant, voici, un char de feu et des chevaux de feu les séparèrent l'un de l'autre, et Élie monta au ciel dans un tourbillon.*

[183] *1 Rois 17,23 Élie prit l'enfant, le descendit de la chambre haute dans la maison, et le donna à sa mère. Et Élie dit : "Vois, ton fils est vivant".*

[184] *2 Rois 4,35 Élisée s'éloigna, alla çà et là par la maison, puis remonta et s'étendit sur l'enfant. Et l'enfant éternua sept fois, et il ouvrit les yeux.*

[185] *2 Rois 13,21 L'homme alla toucher les os d'Élisée, et il reprit vie et se leva sur ses pieds.*

[186] *Qur'ân 2,243 Considères ceux qui, par milliers, furent de contraints de fuir*

voyageur mort pendant cent ans puis ramené à la vie afin de faire de lui « un signe pour le genre humain »[187], les oiseaux que Dieu demande à Abraham de découper et répartir en morceaux puis qui se reforment et accourent vers lui[188].

IV.6.4 La mortalité divine

Paul de Tarse, en s'écriant que la foi chrétienne est « vaine » si Jésus n'est pas ressuscité, fait de cette mort et résurrection la condition sine qua non de la foi en « Christ fils de Dieu ». Quel est, dans l'Ancien Testament, dans la parole des anciens prophètes, l'évocation de la faculté de Dieu de mourir et ressusciter ? Quelle écriture sainte atteste que ces deux manifestations sont le signe de l'incarnation divine ? L'Ancien Testament nomme Dieu « l'Eternel », l'éternité est donc son essence première, Il ne peut mourir.

Evoquer la mort et la résurrection de Dieu relève du paradoxe, de l'oxymore, si ce n'est du blasphème. Cependant l'on rétorque : c'est l'homme en Christ qui est en mort, le dieu en lui est resté vivant. Au-

leurs foyers, par crainte de la mort, et Dieu leur dit : « Mourez donc ! » Puis Il les rappela à la vie, car Dieu est plein de bonté pour les hommes, mais la plupart d'entre eux ne reconnaissent pas Ses bienfaits.

[187] *Qur'ân 2,259 Ou comme celui qui, passant par une cité en ruines, s'exclama : « Comment Dieu rendrait-Il la vie à cette cité après sa mort ? » Et Allâh le fit mourir cent ans, puis le ramena à la vie.*

[188] *Qur'ân 2,260 Et lorsque Abraham dit : « Seigneur ! Montre-moi comment Tu ressuscites les morts. » Nous lui dîmes : « Ne crois-tu pas ? » Il répondit : « Certes oui. Mais ce n'est que pour apaiser mon cœur. » Nous lui dîmes : « Prends quatre oiseaux, découpe-les et répartis leurs morceaux sur différentes collines, puis appelle-les, ils accourront à toi. Dieu est Puissant et Sage. »*

delà de cette méthode consistant à expliquer les actes tantôt par la dimension humaine, tantôt par la dimension divine, en s'en tenant strictement aux fondations de la doctrine, si c'est l'homme qui est mort et non dieu, le sacrifice divin rachetant les péchés des hommes n'est pas réalisé. De même si c'est le divin qui est mort, au-delà de la question de l'absence de direction de la création, des milliards de planètes et d'êtres vivants, durant trois jours et trois nuits, en s'en tenant strictement aux piliers de la doctrine, notamment aux conclusions de Nicée, comment concevoir que le Père soit vivant tandis le Fils est parmi les morts, alors qu'ils sont tous deux « consubstantiels », manifestations d'une même et unique entité ?

IV.6.5 Les ascensions coranique et bibliques

Le Qur'ân et les Evangiles se rejoignent sur le fait que Jésus est « monté au ciel » :

Qur'ân 4,158 Dieu l'a élevé vers Lui. Dieu est Puissant et Sage.

Marc 16,19 Le seigneur, après leur avoir parlé, fut enlevé au ciel, et il s'assit à la droite de Dieu.

Du point de vue coranique, et également du point de vue de l'Ancien Testament, cette montée au ciel est possible sans qu'elle ne soit précédée de mort.

Selon le Nouveau Testament, l'ascension au ciel n'a pas eu lieu uniquement après la résurrection. Des décennies après l'apparition de Jésus aux apôtres et sa montée au ciel, il s'est présenté à Paul, sur la route de Damas. Jésus peut donc revenir sur terre après sa montée au ciel, c'est Paul qui le certifie. Ceux qui l'ont vu alors qu'ils croyaient qu'il

avait été crucifié n'ont peut-être vu qu'un Jésus revenu du ciel où il
était monté pour éviter la crucifixion.

IV.6.6 Les écritures anciennes

Paul de Tarse en appelle aux écritures antérieures pour corroborer sa
doctrine :

*Je vous ai enseigné avant tout, comme je l'avais aussi reçu, que Christ
est mort pour nos péchés, selon les Écritures ;*
*Qu'il a été enseveli, et qu'il est ressuscité le troisième jour, selon les
Écritures ;*[189]

De quelles écritures s'agit-il ? S'il s'agit des Evangiles, Jésus y a-t-il
annoncé « Je suis venu pour mourir pour vos pêchés » ? S'il s'agit de
l'Ancien Testament, fait-il l'annonce de la mort et la résurrection au
troisième jour ? Les Evangiles font référence aux prophéties d'Isaïe
comme annonciatrices de la naissance de Jésus, toutefois Isaïe
prophétise la naissance miraculeuse mais non la mort sur la croix, ni la
résurrection.

Un fait revêt certes un caractère quasi irréfutable lorsqu'il est
indiscutablement confirmé par les écritures précédentes, cependant ni
la mort sur la croix, ni la résurrection ne sont à rechercher dans les
écritures antérieures à Jésus. Une simple disparition (par simple
décision de simples êtres humains) remet en cause toute la symbolique
du Christ, tandis que sa résurrection perpétue cette symbolique.

---

[189] *1 Corinthiens 15,3-4*

Selon l'islam Dieu, aime chacune de Ses créatures, sans pour cela qu'il n'est besoin, pour prouver cet amour, d'un quelconque sacrifice. Un hadîth rapporte que le Prophète et l'un de ses compagnons observaient une femme allaitant et cajolant son enfant.

- Tu vois, dit-il à son compagnon, l'amour de cette mère pour son enfant n'est rien à côté de l'amour de Dieu pour chacun d'entre nous.

Et cet amour se manifeste par l'envoi constant de prêcheurs à l'humanité.

IV.6.7 Les mille et un miracles quotidiens

Le Qur'ân décrit les miracle d'être né sans père, d'avoir parlé au berceau, de souffler la vie dans l'argile pour le transformer en oiseau, de guérir aveugles et lépreux, de ressusciter les morts, d'être monté au ciel. La résurrection se distinguerait-elle de tous ces miracles au point qu'elle élèverait un prophète au-dessus de l'état d'humain ? Se demande-t-on pourquoi le Qur'ân réfute ce dernier miracle, tandis qu'il reconnaît tous les autres et en relate plusieurs inexistants dans les Evangiles ? La réponse est dans le Qur'ân : Dieu répond aux appels des croyants.

Pour le chrétien, comme pour le musulman, tous les milliards d'êtres humains qui ont existé sur cette terre seront un jour ressuscités, pour entrer dans une vie éternelle ; la résurrection est donc un miracle inscrit en chacun d'entre nous depuis le décret de la création, ce qui n'est pas le cas de la naissance miraculeuse ni de la faculté de souffler la vie dans l'argile.

La résurrection est-elle le garant de la continuité de l'existence de Dieu à nos côtés, dans nos vies de tous les jours, alors que cette proximité de Dieu avec chacun d'entre nous est permanente depuis le premier homme[190] ? Le croyant chercherait-il une preuve de l'amour de Dieu à travers un miracle qu'il n'a pas vécu, qui lui est conté, tandis qu'il vivra un jour ce miracle par lui-même, s'il a foi en la parole de Dieu révélée par Ses messagers ?

Se laisserait-il envahir et mouvoir par un seul miracle lointain tandis qu'il est lui-même chaque jour témoin de mille miracles de Dieu, du lever au coucher du soleil : une planète accueillant des milliards d'être nés d'un très petit nombre, suspendue et voguant paisiblement dans l'air sans jamais faillir ; l'alternance du jour et de la nuit ; les montagnes disposés pour éviter à la terre de s'ébranler ; le pollen mené par les vents fertilisants ; l'abeille butinant de fleur en fleur ; le nourrisson, né de deux infimes gouttes, se transformant, par la patience du temps et la formation lente de la matière et de l'esprit, en cet être concevant les plus gigantesques ouvrages, les plus grands raisonnements.

Il y a dans l'alternance du jour et de la nuit, dans les pluies bienfaisantes que Dieu fait descendre du ciel pour faire revivre la terre après sa mort, dans la variation des vents, autant de signes pour des gens qui raisonnent.[191]

Il a conçu les cieux sans piliers que vous puissiez voir, Il a implanté des montagnes dans la terre pour qu'elle ne branle pas sous vos pieds et Il y a disséminé des animaux de toutes sortes.[192]

---

[190] *Qur'ân 50,16 En vérité Nous avons créé l'homme et Nous savons ce que son âme lui inspire, car Nous sommes plus proche de lui que sa veine jugulaire.*
[191] *Qur'ân 45,5*
[192] *Qur'ân 31,10*

Les douze apôtres, et les milliers de croyants avec eux, n'ont pas attendu que Jésus soit mort sur la croix puis ressuscité pour le croire, le suivre et l'aimer. Au compagnon Pierre qui doute un moment de sa faculté de marcher sur l'eau, le messie lance : « Homme de peu de foi ! »[193].

Seuls les incrédules ont besoin de miracles descendant du ciel, tandis que les signes de la présence de Dieu sont tous les jours sous leurs yeux. Jésus fustige ceux qui recherchent des miracles :

Une génération méchante et adultère exige un miracle ...[194]

Lorsque les apôtres lui demandent, comme preuve, une table descendue du ciel remplie de mets, il leur reproche de ne pas craindre Dieu et de ne pas être sincères dans leur foi.

« Ô Jésus, fils de Marie ! dirent les apôtres. Ton Seigneur peut-Il faire descendre pour nous du Ciel une table toute servie ? » – « Craignez Dieu, leur répondit Jésus, si vous êtes des croyants sincères ! ».[195]

L'islam, ayant de tout temps accordé plus d'importance à la parole véridique, à son pouvoir sur le cœur et la raison, bien plus qu'aux miracles des prophètes, réalisés pour les hommes de leurs temps, considère que Jésus aurait pu être né d'un père et d'une mère, mourir sur son lit auprès des siens, il n'en serait pas moins aimé, car cet amour repose sur l'Evangile que Dieu lui a donné.

---

[193] *Matthieu 14,31.*
[194] *Matthieu 12,39.*
[195] *Qur'ân 5,112.*

IV.7 La prosternation

C'est à l'occasion de l'Ascension Nocturne, en 620 (soit dix ans après la première révélation), que le Prophète fut élevé de Jérusalem (Al Aqsa) jusqu'au Jujubier de la Limite (point ultime avant le Trône), où il reçut la prescription des cinq prières quotidiennes.

Cependant le Prophète dépassait largement ce nombre de prières obligatoires.

La plus emblématique des positions de la prière, celle qui rapproche le plus l'homme de son Seigneur, consiste à poser le front sur le sol, en signe d'humilité devant la Puissance Infinie de Dieu.

Et devant Dieu se prosternent tous les êtres vivants dans les cieux et sur la terre, ainsi que les anges, sans le moindre orgueil.[196]

De nombreux signes laissent entrevoir des similitudes entre cette prosternation musulmane et les prosternations des prophètes et fidèles anciens.

Le Qur'ân évoque les « inclinaisons » et les « prosternations » de Marie[197]. Jésus, dans les Evangiles, prie front contre terre.

Il se jeta contre terre, et pria[198]

Il se jeta sur sa face, et pria[199]

---

[196] *Qur'ân 16,49.*
[197] *Qur'ân 3,43 Ô Marie ! Sois dévouée à ton Seigneur ; prosternes-toi et inclines-toi avec ceux qui s'inclinent.*
[198] *Marc 14,35.*
[199] *Mathieu 26,39.*

Le Qur'ân incite à des actes surérogatoires dans la sérénité de la nuit[200], et les longues prières nocturnes de Jésus ne sont pas sans rappeler celles de Muhammad.

Il dit à Pierre : « Simon, tu dors ! Tu n'as pu veiller une heure ! Veillez et priez. » Il s'éloigna de nouveau, et fit la même prière. Il revint, et les trouva encore endormis ; car leurs yeux étaient appesantis. Ils ne surent que lui répondre. Il revint pour la troisième fois, et leur dit : « Dormez maintenant, et reposez-vous ! »[201]

IV.8 Au-delà des contradictions

Fabrice : Les contradictions [bibliques] en question nient-elles que : Jésus est venu au monde ? Qu'il a enseigné et agi en acte et vérité ? Qu'il est mort sur la croix pour apporter le salut au monde ? Qu'il est ressuscité des morts le troisième jour ?

Au-delà des contradictions, au-delà de la forme, il doit en effet être possible de déterminer la quintessence véritable de la mission. Aussi, parmi cette liste de questions, il manque l'un des principaux objets de notre échange : « Ces contradictions remettent-elles en cause la divinité de Jésus ? ».

Est discutable toute démarche qui consisterait à reconnaître l'existence de contradictions dans un corpus d'ouvrages, mais retiendrait comme véridique tout ce qui n'y est pas contradiction. Dès lors que l'on reconnaît qu'une œuvre est parsemée de zones d'ombre, de passages

---

[200] *Qur'ân 76,26 Alors adores Le une partie de la nuit. Et glorifies Le durablement.*
[201] *Marc 14,37-40.*

incertains, l'absence de contradictions ne peut plus devenir l'unique critère d'authenticité ; les propos n'existant que dans un seul évangile (tel le « tardif » johannique) peuvent également être sujets à caution.

IV.8.1 Est-il venu au monde ?

Nulle contradiction en cette matière. Il eût fallu pour cela que la naissance soit niée dans un des papyri anciens ou dans les évangiles constitués. Des écrits d'historiens, tels que ceux de Flavius Josèphe ou Tacite, témoignent de l'existence d'un « homme sage » condamné à la croix par Pilate. Ils évoquent un groupe de disciples qui n'a pas disparu près de soixante-dix ans après la mort de leur maître, certes de façon très brève, laissant penser que ce groupe est très peu important par son nombre et son influence. Ces témoignages, hors évangiles, parlent cependant juste d'un homme, d'un maître rabbin.

IV.8.2 Est-il mort sur la croix pour le salut du monde ?

Les évangiles relatent une mort sur la croix. Quant à la seconde partie de la question « pour apporter le salut au monde », Jésus a-t-il, explicitement ou implicitement, enseigné à ses compagnons qu'il est le fils de Dieu venu au monde pour être crucifié afin d'absoudre les péchés des hommes ?

Au scribe qui lui demande quel est le premier des commandements, il répond : « Ecoute ô Israël, le Seigneur, notre Dieu, le Seigneur est Un. »[202] A l'accusation de se prétendre fils de Dieu, il répond : « N'est-il pas écrit dans vos livres que vous êtes tous des dieux »[203].

---

[202] *Marc 12,29*

Les évangiles ne précisent pas les raisons exactes pour lesquelles les sacrificateurs se sont dressés contre lui et souhaité sa mort. Il est certes accusé de vouloir détruire le temple[204]. Ne lui reprochait-on également de mettre en péril les finances du temple en s'opposant aux activités de ses marchands[205] ?

Lorsque le souverain sacrificateur lui demande « Es-tu le Christ, le Fils du Dieu béni ? »[206], il répond « Je le suis »[207]. Cette question et cette réponse, entre deux juifs, ne peuvent être lus à travers le prisme du dogme chrétien inexistant à cette époque. Le terme « Christ » provient du grec « Christos » signifiant « Mashiah », roi des Juifs. Le souverain sacrificateur, notable juif connaisseur de l'Ancien Testament, lorsque dans la même question associe Mashiah et Fils de Dieu, l'expression « fils de Dieu » relève forcément de l'entendement hébreu « proche de Dieu », car nulle part dans l'Ancien Testament le Mashiah n'est désigné fils de Dieu au sens de second membre d'une triade ainsi que le définit le canon chrétien.

De même lorsque Jésus, rabbi juif, répond affirmativement à cette question, il se désigne comme Mashiah, et non comme fils de Dieu au sens chrétien.

---

[203] *Jean 10,34*

[204] *Marc 14, 58 Nous l'avons entendu dire : Je détruirai ce temple fait de main d'homme, et en trois jours j'en bâtirai un autre qui ne sera pas fait de main d'homme.*

[205] *Marc 11,15 Ils arrivèrent à Jérusalem, et Jésus entra dans le temple. Il se mit à chasser ceux qui vendaient et qui achetaient dans le temple ; il renversa les tables des changeurs, et les sièges des vendeurs de pigeons.*

[206] *Marc 14,61*

[207] *Marc 14,62*

Or, lorsque les sacrificateurs, scribes, pharisiens tirent les rideaux des fenêtres, les rues autour du temple sont toujours envahies de patrouilles romaines, l'ombre immense de Rome recouvre toujours Jérusalem. Jésus, pour eux, ne remplit pas les critères du Mashiah. Et c'est là le chef d'accusation retenu pour la suite.

La question que posera Pilate au prisonnier livré par le sanhédrin est : « Es-tu le roi des Juifs ? »[208] et non « Es-tu Dieu ? ». Plus tard à la populace il dira « Voulez-vous que je relâche le roi des Juifs ? »[209].

L'islam tranche ce différend en affirmant que le rôle du messie était, et demeure, mal compris. La libération qu'il apporte, aux fils de Jacob, est plus spirituelle que matérielle. Aux nombreuses brebis égarées de sa communauté il rappelle de placer les prescriptions de Dieu au-dessus des traditions des hommes[210]. Il leur permet ce que Dieu avait interdit pour les éprouver[211].

IV.8.3 Est-il ressuscité des morts le troisième jour ?

Le concept de « troisième jour » est clairement contredit dans les évangiles. Tout comme l'épisode de la rencontre de Jésus avec ses compagnons après la résurrection est remis en cause par son absence dans les plus anciens manuscrits.

---

[208] *Marc 15,2.*
[209] *Marc 15,9.*
[210] *Marc 7,8 Vous abandonnez le commandement de Dieu, et vous observez la tradition des hommes.*
[211] *Qur'ân 3,50 Je viens confirmer ce qui était avant moi dans la Thora et lever pour vous certains interdits. Je viens à vous avec un signe du Seigneur. Craignez-donc Dieu et obéissez-moi.*

IV.9 Nul ne vient au Père que par moi

Fabrice : Jésus lui dit : « Je suis le Chemin, la Vérité et la Vie. Nul ne vient au Père que par moi. »[212]

IV.9.1 Je suis le Chemin

« *Chemin* » est l'équivalent (en hébreu, araméen et arabe) du terme « *dîn* », qui signifie religion. La religion est le *chemin* vers Dieu. Or les musulmans considèrent que tous les prophètes, d'Âdama à Muhammad, ont enseigné le même « *chemin* », à savoir : l'unicité de Dieu (*tawhîd*). Jésus a prodigué le même enseignement (« *Sheïma Isra'il ... Ecoute ô Isrâ'îl, l'Eternel, notre Dieu, est Un* »[213]).

Le qualificatif « Père », qui va de pair avec l'expression « fils de Dieu », ne remet pas en cause l'unicité de Dieu. David, dans l'Ancien Testament, est fils de Dieu (« *Je serai pour lui un père, et il sera pour moi un fils* »[214]). Jésus, dans tous ses propos, se distingue, mais également se situe en-dessous du Père. L'expression « chemin vers Lui » suggère un « Autre », plus Puissant. A plusieurs endroits, il marque cette différence : « le Père est plus grand que moi »[215], « par moi-même je ne peux rien »[216], « nul ne connait l'Heure mais le Père seul »[217].

---

[212] *Jean 14,6.*

[213] *Matthieu 12,29.*

[214] *1 Chroniques 13,17.*

[215] *Jean 14,28.*

[216] *Jean 5,30.*

[217] *Marc 13,32.* A l'archange Gabriel qui le questionne sur sa connaissance de l'Heure, le prophète Muhammad donnera une réponse similaire : « Celui qui

IV.9.2 Nul ne vient au Père que par moi

Tout prophète est le chemin vers Dieu pour son peuple et son temps. Or Jésus s'adresse à ses coreligionnaires juifs ; il ne tient pas ces propos debout sur une butte devant tout le peuple de Judée, juifs, païens, samaritains, idolâtres confondus. Envoyé à son peuple, et particulièrement « aux brebis perdues de la maison d'Israël »[218], nul d'entre eux ne va à Dieu sans passer par son enseignement.

S'il faut comprendre par ce verset que la seule façon d'atteindre Dieu est de prier Son fils, les fidèles chrétiens eux-mêmes le contournent, puisqu'ils adressent de nombreuses prières à Marie (au point que le concile de Vatican II mentionne que les musulmans adoptent cette même pratique). Que dire de ces prières adressées à une personne que l'orthodoxie présente comme un être humain à part entière, dénuée de toute nature divine.

Le Qur'ân récuse ainsi toute prière adressée à tout autre que Dieu.

Et lorsque Dieu dit à Jésus : « Ô Jésus, fils de Marie ! Est-ce toi qui as dit aux hommes : « Prenez-nous, ma mère et moi, pour divinités en dehors de Dieu » ? » Jésus répondit : « Gloire à Toi ! Il ne m'appartient pas de dire ce qui va au-delà de ma mission. Si je l'avais dit, Tu l'aurais su. Car Tu connais le fond de ma pensée, et je ne connais rien de la Tienne. En vérité, Tu es le seul à détenir le secret des mystères cachés.[219]

---

interroge sur l'Heure n'en sait pas plus ce que celui qui est interrogé » (*Hadîth rapporté par Ümar ibn al Khattâb*).
[218] *Matthieu 15,24.*
[219] *Qur'ân 5,116.*

V Différents rapports à Dieu

Fabrice : La Thora énonce clairement qu'aucun prophète ne viendrait jamais d'Ismaël, car c'est avec Isaac que Dieu a conclu une alliance, et non avec Ismaël. Le prophète promis à Israël devait donc descendre d'Isaac. Il s'agit de Jésus Christ. Est-il le même que le Issa du Coran ? Car Jésus est bien mort sur la croix. Mais le prophète Mahomet (PSL), descendant d'Ismaël, a affirmé avoir été envoyé aux Arabes.

V.1 Un très grand nombre de prophètes

Dans un hadîth célèbre, le prophète Muhammad apprend à ses compagnons que cent vingt-quatre mille prophètes ont prêché aux hommes. Le Qur'ân quant à lui précise :

En vérité dans chaque communauté Nous avons fait naître un messager leur proclamant : « Servez Dieu et éloignez-vous des fausses divinités. »[220]

Certes Nous t'avons envoyé avec la vérité, porteur de bonne nouvelle et avertisseur. Et il n'est pas un peuple qui n'ait eu en son sein un messager.[221]

La pratique religieuse instaurée par ces prophètes peut différer d'une époque à une autre, d'un lieu à un autre, cependant la quintessence de leurs messages est toujours la même, elle est immuable, elle est le fil commun qui les relie : l'Unicité de Dieu (*tawhîd*).

Les prophètes bibliques, moins d'une centaine, sont très loin de constituer l'exhaustivité des prophètes. L'Ancien Testament, écrit par et pour les juifs, est particulièrement centré sur l'histoire du peuple

---

[220] *Qur'ân 16,36.*
[221] *Qur'ân 35,24.*

juif, soit une infime portion de ceux qui peuplent la terre. De tous les prophètes bibliques aucun ne s'est rendu sur une terre européenne, ni asiatique, ni américaine. Inversement nombreux sont les asiatiques qui ne connaissent pas les prophètes bibliques.

Le Qur'ân assure cependant que partout où des hommes ont vécu il s'est trouvé parmi eux un prophète. Il en est ainsi qui considèrent Bouddha comme prophète de Dieu. Les amérindiens, à n'en pas douter, ont eu parmi eux des hommes prêchant à leurs semblables l'adoration d'un Dieu Unique, Invisible, Créateur des cieux et de la terre. Cependant, à l'image des Egyptiens, Romains, Grecs, Arabes préislamiques, pour assouvir le besoin quasi endogène chez l'homme de voir ou palper l'objet de sa vénération, ils se sont tournés vers les astres (astrolâtres), ils ont créé de leurs propres mains des dieux de pierre et de terre (idolâtres).

Les contemporains de Noé ont d'abord cru en un Dieu Unique. Ils ont eu parmi eux des hommes saints, considérés de tous comme proches de Dieu. A la mort de ces derniers, de gigantesques statues furent érigées à leurs mémoires. Les hommes se sont adressés à ces statues pour rechercher l'intercession des saints qu'elles représentent. Au fil du temps, ces statues sont devenues objets de culte puis divinités. Il en fut de même des Arabes avant l'avènement de Muhammad. Les idoles de la Kaaba, provenant de diverses tribus, n'étaient à l'origine que des intermédiaires entre Dieu et les hommes, puis elles sont devenues elles-mêmes dieux et déesses, au point de faire oublier le Dieu Unique de leurs ancêtres Ibrâhîm et Ismâ'ïl.

Le Qur'ân relate l'histoire de trois prophètes non cités dans la Bible : Hûd, entre -2500 et -2350, envoyé aux Âd dans l'actuel Yémen ; Sâlih, entre -2000 et -1942, envoyé aux Thamûd au nord de l'Arabie ;

Shu'ayb, entre le 15ème et le 16ème siècle avant Jésus Christ, envoyé aux Madyan, qu'on pense être des Arabes. La Bible évoque certes Ismaël, ancêtre des Arabes, pour préciser qu'il a été circoncis, faire allusion à ses enfants ; mais c'est l'histoire de son frère Isaac et de sa descendance qui est l'objet de toutes ses attentions.

Il faudra attendre la Sîra pour que l'histoire d'Ismâ'ïl et de sa descendance fasse l'objet de plusieurs récits extrêmement détaillés.

Les fouilles archéologiques confirment l'existence du peuple Thamûd et de leurs gigantesques demeures taillées dans la pierre des montagnes, ainsi que le décrit le Qur'ân. D'autres personnages, prophètes ou hommes saints, évoqués dans le Qur'ân, demeurent jusque-là non clairement identifiés. D'une part l'histoire exhaustive des prophètes n'est pas l'objet du Qur'ân, d'autre part il eût fallu bien plus de six mille versets pour contenir tous ces récits.

En vérité Nous avons envoyé bien des messagers avant toi. Certains dont Nous t'avons conté l'histoire, et d'autres que Nous n'avons pas nommés. Il n'appartient à aucun prophète de produire un signe sans la permission de Dieu.[222]

V.2 Les noms des prophètes

Les noms des prophètes bibliques nous sont d'abord parvenus par l'Ancien Testament, où ils figurent en hébreu : Avraham, It'shaq, Yâqub, Mosà, Harone, Yosuf, Zakaria, ...

---

[222] *Qur'ân 40,78*

Ces mêmes prophètes sont évoqués dans le Qur'ân avec des noms quasi similaires : Ibrahîm, Ishaq, Yâqub, Yusuf, Musa, Harun, Zakariyya, Yahya, ...

Si les noms des prophètes dans la Bible romaine sont différents des noms en arabe, ce ne sont pas les noms arabes qui se sont écartés des *originaux*, mais plutôt les noms de la Bible romaine puisqu'ils y ont été latinisés. Se baser sur de telles différences d'appellation pour avancer qu'il peut s'agir de personnages différents ne peut être qu'un argument de dernier recours.

Ces noms latinisés ont fini par se rattacher à une culture étrangère à celle des personnages. Jésus est ainsi devenu, dans l'imaginaire populaire occidental, une figure caucasienne blonde aux cheveux bleus, car un tableau de Michel Ange emplissant le plafond de la Chapelle Sixtine a plus d'effet sur l'imagination que la silhouette palestinienne qui transparaît de la lecture des Evangiles.

V.3 Enfants d'Isrâ'îl

Considérant la pluralité des prophètes et leurs présences dans tous les endroits où les hommes ont vécu, l'on peut se demander pour quelles raisons, dans notre espace culturel tout au moins, les prophètes issus des écritures juives sont les plus connus. La réponse tient à deux faits : d'une part, leurs histoires, contrairement aux autres, ont survécu et sont devenus universels, notamment par la puissance de l'empire romain devenu chrétien ; d'autre part, ce peuple juif, du point de vue de la révélation, s'est distingué de tous les autres. Le Qur'ân atteste qu'il a été « comblé ».

Ô enfants d'Isrâ'îl ! Rappelez-vous Ma faveur sur vous et combien Je vous ai préférés à toutes les créatures.[223]

Il est communément admis qu' « Isrâ'îl » est le second prénom de Jacob (petit-fils d'Abraham d'où seront issus les douze tribus) ; par conséquent l'expression arabe « *banî Isra-îla* » (« *enfants d'Isrâ'îl* ») désigne les juifs. L'interpellation « *souvenez-vous* » est une invitation, par le rappel des liens privilégiés, à reconnaître le dernier de la longue liste des messagers.

Cependant, ce verset pose la question théologique du rapport de Dieu à Ses créatures : Dieu peut-il préférer, au sens affectif, un peuple à tous les autres ? La réponse se trouve dans le Qur'ân :

En vérité, Dieu ne commet jamais d'injustice envers les hommes, mais ce sont les hommes qui se font du tort à eux-mêmes.[224]

Nous avons rendu chaque homme responsable de sa destinée.[225]

Ô hommes ! En vérité Nous vous avons créés d'un mâle et d'une femelle, et Nous vous avons répartis en peuples et en tribus afin que vous vous entre-connaissiez. En vérité, le plus noble d'entre vous, aux yeux de Dieu, est le meilleur dans la conduite. En vérité Dieu est connaisseur, bien Informé.[226]

Dieu est juste envers les hommes. Chaque homme est responsable de sa destinée. La noblesse ne se gagne ni par la naissance, ni par l'appartenance à une communauté, mais par la bonne conduite. Au fil

---

[223] *Qur'ân 2,47.*
[224] *Qur'ân 10,44.*
[225] *Qur'ân 17,13.*
[226] *Qur'ân 49,13.*

du temps les hommes se sont répartis en peuples et tribus ; si les enfants d'Isrâ'îl ont eu, avec Dieu, un lien privilégié, ils l'ont mérité par la conduite de ceux qui les ont menés, par leur fidélité au message du monothéisme pur, contrairement aux autres peuples qui se sont régulièrement éloignés des prêches de leurs prophètes.

Ibrâhîm, l'ancêtre d'Isrâ'îl, est l'un des rares croyants dans une contrée où l'idolâtrie règne. Jeune, il médite, interroge le ciel, les étoiles, à la recherche de son Créateur.

Qur'ân 19,41 Et mentionne Ibrâhîm dans le Livre. Il était homme véridique et prophète.

Qur'ân 6,76-79 A la tombée de la nuit, il vit briller une étoile. Il se réjouit : « C'est là mon Seigneur !» Mais lorsque l'astre disparut, il déclara : « Je n'adorerai pas ce qui disparait ».

Puis, voyant poindre la Lune, il s'écria : « C'est cela mon Dieu !» Mais quand la Lune disparut, il déclara : « Si mon Seigneur ne me guide pas, je serai certes du nombre des égarés. »

Puis lorsque le Soleil se leva, il s'écria : « Voilà mon Dieu ! Voilà le plus grand !» Mais lorsque le Soleil disparut à son tour, il se tourna vers son peuple : « Ô mon peuple ! En vérité je désavoue tout ce que vous associez à Dieu.

Je tourne ma face vers Celui qui a créé les cieux et la terre, en adorateur sincère, et je ne suis point du nombre des associateurs. »

Dieu se rapproche de ceux qui Le cherchent. *« Lorsque Mon serviteur fait un pas vers Moi, J'en fais mille vers lui »* (hadîth qudsi). Dieu scelle avec Ibrâhîm un lien privilégié[227], comme récompense de l'effort qu'il a entrepris d'aller à Lui, bien qu'entouré de toutes parts d'idolâtres, au sein de sa propre famille et de sa communauté.

---

227 Le prophète Ibrâhîm est communément appelé *khalîloul'Lah* (ami intime de Dieu).

V.4 Alliance bibliques

Ce lien privilégié justifie-t-il une alliance comportant engagement que tous les prophètes à venir seront issus de la branche d'Isaac fils d'Abraham, ainsi que le soutient le dogme chrétien ?

La Bible relate les alliances successives avec Noé, Abraham, Isaac et Moïse.

V.4.1 Noé

Après le Déluge, Dieu établit une alliance avec Noé, tous les êtres vivants et ceux à venir.

Genèse 9,7 Et vous, soyez féconds et multipliez-vous, répandez-vous sur la terre et multipliez sur elle.

Genèse 9,13 J'ai placé mon arc dans la nue, et il servira de signe d'alliance entre moi et la terre.

L'objet de l'alliance est la vie, la promesse qu'il n'y aura pas un second déluge. Le symbole de l'alliance est l'arc-en-ciel ; son apparition dans la nue est le rappel pour Dieu, les hommes et tous les êtres vivants, que la vie doit se poursuivre loin de l'égarement qui avait entraîné le déluge.

V.4.2 Abraham

L'alliance avec Abraham est scellée en ces termes :

Genèse 17,7 J'établirai mon alliance entre moi et toi, et tes descendants après toi, selon leurs générations : ce sera une alliance perpétuelle, en vertu de laquelle je serai ton Dieu et celui de ta postérité après toi.

Genèse 17,12 A l'âge de huit jours, tout mâle parmi vous sera circoncis, selon vos générations, qu'il soit né dans la maison, ou qu'il soit acquis à prix d'argent de tout fils d'étranger, sans appartenir à ta race.

L'objet de l'alliance est la croyance en l'unicité de Dieu. Le symbole de l'alliance est la circoncision ; tout descendant d'Abraham sera circoncis comme symbole de sa fidélité à son engagement d'adorer un Dieu Unique.

V.4.3 Isaac

L'alliance avec Abraham se poursuit à travers Isaac :

Genèse 17,20-21 A l'égard d'Ismaël, je t'ai exaucé. Voici, je le bénirai, je le rendrai fécond, et je le multiplierai à l'infini ; il engendrera douze princes, et je ferai de lui une grande nation.

J'établirai mon alliance avec Isaac, que Sara t'enfantera à cette époque-ci de l'année prochaine.

Quels sont les termes et le symbole de cette alliance avec Isaac ? La Genèse ne le précise pas. Quant à Ismaël, elle indique qu'il est lié à l'alliance avec Dieu, puisqu'il est circoncis :

Genèse 17,26 Ce même jour, Abraham fut circoncis, ainsi qu'Ismaël, son fils.

V.4.4 Moïse

L'alliance avec Moïse renouvelle le pacte d'unicité divine conclue avec Abraham, en précisant les modalités de cette adoration d'un Dieu Unique, et interdit, en particulier, la création de toute image support de ce culte :

Exode 20,3-5 Tu n'auras pas d'autres dieux devant ma face.

Tu ne te feras point d'image taillée, ni de représentation quelconque des choses qui sont en haut dans les cieux, qui sont en bas sur la terre, et qui sont dans les eaux plus bas que la terre.

Tu ne te prosterneras point devant elles, et tu ne les serviras point ; car moi, l'Éternel, ton Dieu, Je suis un Dieu jaloux, qui punis l'iniquité des pères sur les enfants jusqu'à la troisième et la quatrième génération de ceux qui me haïssent,

Aucune des alliances bibliques n'inclut dans ses termes engagement à exclure les communautés non israélites des prophètes à venir (cela signifierait des millénaires d'obscurité pour la majorité des peuples de la terre), et donc aucune de ces alliances ne s'oppose explicitement et irrévocablement à ce qu'un prophète soit issu d'Ismaël, béni et circoncis. Le terme « il engendrera douze princes » n'est pas synonyme de « il n'engendrera aucun prophète ».

V.5 Engagements coraniques

V.5.1 Nûh (Noé)

Le Qu'ran ne mentionne pas d'alliance explicite avec Nûh, ni n'évoque l'arc-en-ciel comme signe d'une alliance. L'histoire de Nûh est cependant détaillée dans plusieurs sourates - sans qu'il ne soit fait état ni de son ivresse, ni de la malédiction de son petit-fils Canaan, fils de Cham.

V.5.2 Ibrâhîm (Abraham)

Ibrâhîm est décrit comme un homme exceptionnel, monothéiste sincère, qui ne peut être considéré comme juif, car, tout comme Nûh, il est antérieur à la naissance du judaïsme.

Ô gens des Écritures ! Pourquoi discutez-vous au sujet d'Ibrâhîm, alors que la Thora et l'Évangile n'ont été révélés qu'après lui ? Êtes-vous donc déraisonnables ?[228]

Ibrâhîm n'était ni juif, ni chrétien. Il était monothéiste sincère entièrement dévoué à Dieu. Il n'était point du nombre des associateurs.[229]

Nulle alliance explicite non plus avec Ibrâhîm au sens de la Bible.

V.5.3 Mûsâ (Moïse)

---

[228] *Qur'ân 49,13.*
[229] *Qur'ân 3,67.*

La loi révélée à Mûsâ, prophète de loin le plus cité dans le Qur'ân, fait l'objet d'une alliance entre Dieu et le peuple de Mûsâ :

Et lorsque Nous fîmes alliance avec vous, et que Nous élevâmes la montagne au-dessus de vos têtes : « Suivez rigoureusement ce que Nous vous avons donné et entendez Nos paroles ».[230]

Il ne s'agit pas là d'une entente entre Dieu et Son messager, mais d'un engagement, d'une profession de foi, pris par tout un peuple envers son Créateur.

V.5.4 Sâlih

Les Thamûd (entre -2000 et -1942) ont succédé au peuple des Âd. Ils ont « *édifié des palais dans les plaines et creusé des demeures dans les montagnes* »[231]. Particulièrement puissants et fiers, Dieu leur envoie le prophète Sâlih pour leur rappeler le message du monothéisme. Ils doutent que Sâlih, un des leurs, soit investi d'une telle mission. En guise de preuve, ils lui demandent de sortir une chamelle enceinte d'un rocher. Le miracle se produit. Dieu établit alors avec eux une alliance symbolisée par cette chamelle que les Thamûd doivent laisser paître et ne jamais abattre.

Et aux gens Thamûd Nous avons envoyé leur frère Sâlih, qui leur dit : « Ô mon peuple ! Servez Dieu ! Vous n'avez d'autre dieu que Lui. Une merveille de votre Seigneur est venue à vous. Votre Seigneur vous envoie une preuve irréfutable. Voici la chamelle de Dieu, elle est un

---

[230] *Qur'ân 2,93.*
[231] *Qur'ân 7,74.*

signe pour vous. Laissez-la paître sur la terre de Dieu et ne lui faites aucun mal, au risque qu'un châtiment douloureux s'abatte sur vous. »[232]

Ils finissent par égorger la chamelle et demandent à Sâlih de mettre ses menaces à exécution. Un violent cataclysme vient les foudroyer.

V.5.5 Dépôt de la foi

Le terme alliance est inexistant dans la théologie musulmane, compte tenu du rapport du musulman à Dieu, extrêmement différent de celui du juif ou du chrétien. L'alliance suggère un pacte signé entre deux parties, chacune tenue par ce pacte, et chacune pouvant faillir dans son respect. Une alliance suppose égalité des parties prenantes vis-à-vis de ses termes, et, le plus souvent, l'existence de tiers contre lesquels les *alliés* peuvent se retourner unis. Que deviennent les communautés pour lesquelles nulle alliance n'a été conclue avec Dieu ?

Dans la pensée musulmane, Dieu n'ayant rien d'humain, mais étant une Puissance au-delà de ce qu'il est possible d'imaginer, la relation avec Lui, pour les prophètes comme pour les fidèles, est moins celle de l'alliance que celle de la soumission, soumission s'exprimant dans la prosternation.

Ces alliances que Dieu, par le biais d'un prophète, peut sceller avec un peuple, ne sont qu'un rappel, qu'une déclinaison d'une alliance originelle, supérieure, suprême, entre Dieu et tous les hommes : le *pacte de la foi*. Tous les éléments, tous les êtres vivants, excepté l'homme, sont soumis par essence ; cette soumission est inscrite dans leur être - le soleil, la lune, les étoiles ne peuvent dévier de trajectoires

---

[232] *Qur'ân 7,73.*

préétablies. Seul l'homme dispose du choix entre la soumission et la rébellion. Il s'est cependant engagé à porter le *dépôt de la foi* durant son existence terrestre.

C'est Lui qui a créé la nuit et le jour, le soleil et la lune, chacun voguant dans une orbite bien déterminée.[233]

Et le soleil qui ne saurait rejoindre la lune, ni la nuit qui ne saurait devancer le jour, chaque astre devant voguer sur l'orbite qui lui est assignée ![234]

Ne vois-tu pas que devant Dieu se prosternent tous ceux qui sont dans les cieux, tous ceux qui sont sur la terre, ainsi que le soleil, la lune, les étoiles, les montagnes, les arbres, les animaux et une grande partie des hommes ?[235]

En vérité, Nous avons proposé le dépôt de la foi aux cieux, à la terre et aux montagnes, mais tous refusèrent d'en assumer la responsabilité et en furent effrayés. Seul l'homme en a accepté la charge. Et certes il s'est montré injuste et ignorant.[236]

L'âme, qui précède et succède à l'existence physique, a formulé une acceptation qui distingue l'homme de tout ce qui l'entoure sur terre.

Et lorsque ton Seigneur tira des lombes des fils d'Âdama leurs descendants et les fit témoigner par eux-mêmes, en leur demandant : « Ne suis-Je pas votre Seigneur ? » Et ils répondirent : « Oui, nous en

---

[233] *Qur'ân 21,33.*
[234] *Qur'ân 21,33.*
[235] *Qur'ân 22,18.*
[236] *Qur'ân 33,72.*

témoignons ! » Et ce, afin que vous ne puissiez dire le Jour de la Résurrection : « Nous avons été pris au dépourvu ».[237]

Ce pacte, signifiant témoignage de l'existence de Dieu par l'homme, est enfoui en chacun, de manière consciente ou inconsciente. Pour le raviver, Dieu envoie des rappels. Nul ne pourra, pour justifier son non-respect, invoquer son environnement, sa culture ou son éducation.

Ou que vous ne disiez : « Ce sont nos ancêtres qui ont attribué des associés à Dieu, et nous étions leur postérité. Vas-Tu nous châtier pour ce que faisaient ces négateurs ? »[238]

V.6 Paul de Tarse

V.6.1 Paul et la Loi

Paul de Tarse, de son nom juif Saul, commence d'abord par s'opposer au mouvement *judaïsme réformateur* des fidèles de Jésus, et obtient d'aller les persécuter. Sur sa route vers Damas, Jésus lui apparaît pour le dissuader d'une telle entreprise. Il en sort bouleversé et rejoint le mouvement.

Son prêche est si enflammé, il porte tant Jésus aux nues, que nombre de juifs le désapprouvent. Sa fougue, sa déification du messie, viennent se heurter aux piliers d'une tradition plusieurs fois millénaire. Les gentils (païens) sont plus réceptifs à ses sermons. Reprenant les propos du prophète Isaïe, il accuse alors les juifs d'avoir le « cœur épaissi ».

---

[237] *Qur'ân 7,172.*
[238] *Qur'ân 7,173.*

Paul et Barnabas leur dirent avec assurance : C'est à vous premièrement que la parole de Dieu devait être annoncée ; mais, puisque vous la repoussez, et que vous vous jugez vous-mêmes indignes de la vie éternelle, voici, nous nous tournons vers les païens.[239]

Les juifs l'accusent de dévoyer le judaïsme et le message de leur maître. Paul a beau se réclamer du messie, la différence théologique entre les deux est notable. Jésus rencontre certes la désapprobation des pharisiens, ses propos sont souvent surprenants, iconoclastes, tel le « *Avant Abraham je fus* »[240]. Pour de doctes personnages appliquant le dogme sans chercher à comprendre son dessein, transgresser le sabbat[241], manger sans se lever les mains[242], relèvent de l'irrespect de la tradition, si ce n'est du blasphème.

Les prophètes s'expriment parfois dans une imagerie inaccessible à leurs contemporains. Le prophète Muhammad expliquait à ses compagnons qu'il était prophète alors qu'Âdama « *se trouvait entre l'eau et l'argile* ». Il s'agit là du décret divin de l'essence prophétique précédant celui de la création de l'humanité.

Jésus s'exprime également en paraboles, si bien qu'à la fin de son discours les apôtres s'approchent pour obtenir des explications. Mais nul ne peut remettre en cause son attachement à la Thora[243].

---

[239] *Actes 13,46.*
[240] *Jean 8,58.*
[241] *Marc 2,27 « Le sabbat a été fait pour l'homme et non l'homme pour le sabbat ».*
[242] *Marc 7,8 Vous abandonnez le commandement de Dieu, et vous observez la tradition des hommes.*
[243] *Matthieu 5,18-19.*

Or Paul est accusé par les juifs de s'écarter de la Thora, de réduire le culte à la foi.

Ce n'est pas par les œuvres de la loi que l'homme est justifié, mais par la foi en Jésus-Christ.[244]

Le paradoxe, pour le juif (et le musulman), est que la foi en Dieu s'exprime par le respect de Sa loi. Cette interprétation paulienne du message messianique, bien que contestée par les disciples de Jésus, finira par prévaloir chez les païens.

V.6.2 Paul et la circoncision

Paul est ainsi appelé apôtre des païens ou apôtre des incirconcis, tandis que Pierre est apôtre des circoncis. Or, si Pierre (de son nom juif Simon) figure dans la liste des douze apôtres cités dans *Matthieu*, Paul n'y figure pas et n'apparaît qu'après la crucifixion. Il fait donc sien un message qu'il n'a pas vécu, tout en s'opposant à ceux qui ont l'ont côtoyé quotidiennement.

La question qui se pose à Paul est : faut-il imposer aux convertis d'origine païenne la Loi de Moïse, la circoncision, le sabbat, leur interdire la nourriture illicite. Sa réponse est qu'il faut libérer les sympathisants de ces prescriptions, « secondaires » comparées à la personne du Christ.

Car les circoncis eux-mêmes n'observent point la Loi ; mais ils veulent que vous soyez circoncis, pour se glorifier dans votre chair.

---

[244] *Galates 2,16.*

Pour ce qui me concerne, loin de moi la pensée de me glorifier d'autre chose que de la croix de notre Seigneur Jésus Christ, par qui le monde est crucifié pour moi, comme je le suis pour le monde ![245]

La circoncision est le signe de l'allégeance à Dieu de tous les descendants - naturels et par adoption - d'Abraham. La renier revient à rompre l'alliance dont Jésus lui-même, descendant de David, est issu. Or, Jésus, lui-même circoncis, prône le respect de la Loi jusqu'à la fin des temps.

Le huitième jour, auquel l'enfant devait être circoncis, étant arrivé, on lui donna le nom de Jésus, nom qu'avait indiqué l'ange avant qu'il fût conçu dans le sein de sa mère.

Et, quand les jours de leur purification furent accomplis, selon la loi de Moïse, Joseph et Marie le portèrent à Jérusalem, pour le présenter au Seigneur.[246]

Pour toutes les religions abrahamiques, le messager est l'exemple à suivre. L'on ne peut se réclamer de lui tout en s'écartant du chemin qu'il a suivi, et, notamment, en déclarant caduque une loi qu'il a lui-même scrupuleusement respectée ?

Certaines pratiques relèvent certes de rituels dictés par le contexte ou les circonstances et peuvent subir des modifications à travers le temps et le lieu, tandis que d'autres, piliers du culte, sont les garants de la poursuite d'une symbolique immuable. Quelles explicitations pourrait donner à Jésus un disciple non circoncis, ne s'interdisant pas le porc, et

---

[245] *Galates 6,14-15*
[246] *Matthieu 2,21-22*

priant devant des images, si ce n'est qu'il fait entière confiance aux autorités religieuses et morales représentant sa foi ?

Vous avez dans le messager de Dieu un excellent modèle, pour quiconque espère en Dieu et au Jour Dernier, et invoque Dieu fréquemment.[247]

Ce verset coranique, également transposable dans toute religion abrahamique, rappelle que l'adhésion au message prophétique ne peut se faire sans imitation du modèle prophétique.

La position de Paul sur la circoncision ne manque pas ainsi de soulever des oppositions.

Quelques hommes, venus de la Judée, enseignaient les frères, en disant : Si vous n'êtes circoncis selon le rite de Moïse, vous ne pourrez être sauvés.[248]

La question est menée à Jérusalem, entre l'an 48 et 49, dans un débat réunissant Paul, Barnabé, les apôtres et les anciens. Ils admettent que les « *païens convertis* » peuvent ne pas être circoncis.

L'affluence des païens dans le mouvement grandissant, la communauté va peu à peu se séparer de ses racines juives, tandis que va se creuser le fossé entre les « juifs disciples du Christ » qui demeureront juifs et les « païens disciples du Christ » qui deviendront les futurs chrétiens.

Le christianisme n'existait pas du vivant de Jésus. Il est embryon sous la plume de Paul, puis, enfanté, nourri et raffermi par les pères qui ont

---

[247] *Qu'ran 33,21*
[248] *Actes 15,1*

fait le choix d'élever les courriers de Paul aux Corinthiens, Ephésiens, Galates, Romains ..., au rang d'écritures saintes. Ce choix fera que chez le « chrétien de tous les jours » la foi, l'amour en Jésus, deviendra supérieure au respect de la Loi.

V.7 Mythologie gréco-romaine

Paul de Tarse, né à Tarsis - en Turquie -, a beau rappeler sa judaïté, il est de culture helléniste. Tout le bassin méditerranéen et l'Asie mineure sont sous domination grecque avant d'être sous domination romaine. Si bien que durant cette domination romaine, on parle encore grec dans toute cette région. Les manuscrits des évangiles sont en grec koinè (grec ancien).

Or, dans leurs nombreux écrits, les Grecs et les Romains donnent un statut divin à des personnes, et, inversement, décrivent les dieux comme des personnes, relatent des cohabitations entre dieux et êtres humains, tel Zeus quittant les cieux pour exprimer sa colère aux hommes. Faut-il voir cette influence de la culture gréco-romaine dans la transcription des propos de Jésus, l'interprétation de sa mission, et la conclusion du concile de Chalcédoine le définissant comme à la fois homme et dieu ?

L'influence de la culture de ceux qui écrivent dans ce qu'ils écrivent est une question légitime. Elle est sans doute le seul facteur exogène pouvant expliquer qu'un message d'unicité divine, resté constant plusieurs millénaires, se transforme subitement en concepts de *trinité* et de *filiation divine*.

V.8 Le péché originel

Le dogme enseigne que le péché originel a provoqué une rupture avec Dieu. Et la réconciliation ne pouvait être obtenue que par le sacrifice de Son fils unique.

D'une part cette pensée n'a pas d'écho dans les Evangiles, d'autre part l'Ancien Testament atteste que l'homme ne vient pas au monde en portant les péchés de ses ascendants :

Le fils ne porte pas l'iniquité du père, ni le père l'iniquité du fils.[249]

Cependant, dans ses Epîtres, Paul désigne le péché originel faute impardonnée, source de l'abaissement de l'homme.

C'est pourquoi, comme par un seul homme le péché est entré dans le monde, et par le péché la mort, et qu'ainsi la mort s'est étendue sur tous les hommes, parce que tous ont péché...[250]

Cette faute du premier, portée par chacun, est en quelque sorte effacée par le don de Jésus pour chacun. Sur les plateaux de la balance de Paul, la faute d'un homme, Adam, a le même poids que le sacrifice d'un dieu, Jésus.

Ainsi donc, comme par une seule offense la condamnation a atteint tous les hommes, de même par un seul acte de justice la justification qui donne la vie s'étend à tous les hommes.

---

[249] *Ezechiel 18,20 L'âme qui pèche, c'est celle qui mourra. Le fils ne portera pas l'iniquité de son père, et le père ne portera pas l'iniquité de son fils. La justice du juste sera sur lui, et la méchanceté du méchant sera sur lui.*
[250] *Romains 5,12.*

Car, comme par la désobéissance d'un seul homme beaucoup ont été rendus pécheurs, de même par l'obéissance d'un seul beaucoup seront rendus justes.[251]

Autrement dit, la mort vient du pêché. C'est par le pêché que le premier homme a perdu l'éternité. Et c'est par la foi, par la croyance en Jésus, que l'homme retrouvera l'éternité. Comme dans le verset *Jean 3,16*, la différence n'est pas faite ici entre éternité dans la géhenne et éternité dans le royaume des cieux.

A l'instar de l'Ancien Testament, le concept de faute du premier se répandant sur tous les suivants est inexistant dans le Qur'ân, pour deux raisons : le premier homme a été pardonné,

Qur'ân 2,37 Cependant, Dieu révéla à Âdama une prière qu'il se mit à répéter pour exprimer son repentir. Et c'est ainsi que son péché fut pardonné, car Dieu est plein de clémence et de mansuétude.

Et la faute de l'ascendant ne peut être reprochée au descendant :

Qur'ân 39,7 Aucune âme ne répondra des fautes d'une autre âme.

Qur'ân 6,164 Nul ne commet le mal qu'à son propre détriment, et nul n'aura à assumer les fautes d'autrui. Puis c'est vers votre Seigneur que se fera votre retour, et Il vous éclairera alors sur l'objet de vos différends.

V.9 Le concile de Nicée

---

[251] *Romains 5,18-19.*

Du concile de Nicée il y a à retenir bien plus que le credo chrétien. Il s'agit du véritable acte fondateur, de la première grande assemblée d'évêques se réunissant pour s'accorder sur le socle du dogme : le statut de Jésus. Il n'a donc pas consisté en une réunion paisible aboutissant à l'établissement d'un crédo consensuel, mais plutôt en une confrontation houleuse entre évêques d'Occident (fidèles au pape qui n'a pas fait le déplacement) et évêques d'Orient.

Le fait que ce concile se tienne en 325 prouve que, trois siècles après Jésus, les tenants de la doctrine chrétienne sont toujours en désaccord profond. Et c'est un homme politique, l'empereur Constantin, qui a entrepris de mettre fin aux querelles théologiques dans son empire. La très grande majorité n'a pas répondu à sa convocation en son palais ; le chiffre *officiel* des participants est de loin supérieur à ceux avancés par les principaux chroniqueurs.

La multiplicité des synodes entre comités restreints d'évêques, les exils, les mises au banc, les excommunions, les conflits entre peuples et territoires, fragilisent le pouvoir de l'empereur et la concorde au sein de l'empire ; aussi sa prise de parole au début de la réunion rappelle clairement le résultat attendu : une ligne sur laquelle tous se tiendront.

Dès les premiers échanges, deux thèses s'affrontent. Arius et ses partisans militent pour une distinction du Père et du Fils, défendent la subordination du Fils au Père. Alexandre et ses partisans défendent la consubstantialité du Fils et du Père, autrement dit l'unité et l'identité de substance. Malgré l'éloquence d'Arius, ses références bibliques, les risques d'hérésie qu'il dénonce, ses adversaires sont plus nombreux et plus puissants.

Le consensus est impossible. La majorité finit par s'accorder sur le « symbole de Nicée », y faisant apparaître le terme « consubstantiel » : « Nous croyons en un seul Dieu... et en... un... Fils unique... engendré et non créé... consubstantiel au Père... »

Arius s'insurge. Conformément aux recommandations du symbole qui se termine sur la condamnation de tous ceux qui s'y opposent, il est déclaré hérétique et exilé, avec deux de ses plus fidèles partisans.

D'autres évêques, une fois de retour dans leur territoire, reviendront sur leur engagement. Les conflits se poursuivront, et ce n'est qu'en 451, au concile de Chalcédoine, que la grande majorité s'accorde finalement sur l'identité du fils : à la fois homme et Dieu.

Une chose stupéfiante se passe dans ces séries de synodes et conciles que les observateurs d'aujourd'hui ne soulignent sans doute pas assez. Nos générations se sont familiarisées, lorsque des opinions s'opposent, à lever le bras pour voter, trancher, faire un choix. On élit ainsi des représentants du peuple, des chefs d'état. Mais Nicée est bien le premier endroit sur terre où des hommes se sont réunis pour élire un Dieu.

Une fois le dogme confirmé et reconfirmé, transcrit et retranscrit, une fois les évêques épuisés de s'expliquer et de répondre aux reproches, les armes prirent le relais et le précepte fut imposé, par de véritables croisades, aux Cathares, Albigeois, et tout autre récalcitrant.

V.10 La trinité

Fabrice : Si une personne passe une profession de foi pour devenir musulmane, pourquoi cela en serait-il autrement pour la personne qui devient chrétienne ? La trinité est la profession de foi qui fait devenir chrétien. Tout soi-disant chrétien mettant en doute cette trinité sort de lui-même de la communauté des disciples de Jésus.

Qu'en est-il alors des chrétiens unitariens ? De tous les chrétiens qui ne reconnaissent ni le symbole de Nicée, ni celui de Constantinople ? Qu'en est-il des orthodoxes, des témoins de Jéhovah ?

S'il est un Livre Saint où chercher le mot « trinité », ce n'est ni dans l'Ancien, ni dans le Nouveau Testament, mais plutôt dans le Qur'ân. L'explication en est simple : ce n'est qu'entre le l'Evangile et le Qur'ân que des conciles ont créé et répandu ce concept.

Le Qur'ân recommande ainsi à ceux qui croient en Dieu de rester fidèles à Dieu, de ne pas lui associer d'autres divinités.

Ô gens des Ecritures ! N'exagérez pas dans votre religion et ne dites au sujet de Dieu que la vérité. Le messie, Jésus fils de Marie, n'était qu'un messager de Dieu, une parole transmise de Sa part à Marie, et un esprit provenant de Lui. Croyez en Dieu et en Ses messagers et ne dites pas « Trois ». Cessez-le, cela est mieux pour vous. Dieu est un seul Dieu. Loin de Sa majesté transcendante toute filiation. A Lui appartient tout ce qui trouve dans les cieux et sur la terre. Dieu suffit comme protecteur.[252]

Or, le rejet coranique de la trinité est perçu, à tort, par plus d'un, comme une « résurrection » d'Arius en plein désert d'Arabie. Le statut

---

[252] *Qur'ân 4,171*

donné à Ïssâ dans le Qur'ân, de façon explicite dans plusieurs versets, n'a pourtant rien de commun avec la définition qu'Arius donne du Verbe.

L'on reproche ainsi au musulman de mal appréhender le concept de « trinité », qui n'est pas, explique-t-on, la croyance en trois dieux, mais la croyance en un seul Dieu se manifestant en trois entités. L'on explique également que le terme « Fils » ne doit pas être compris dans un sens physique, physiologique. Toutefois, la langue donne à chaque mot un ou plusieurs sens précis, elle est assez vaste pour qu'on y trouve le mot, ou groupe de mots, adapté à l'idée. Lorsqu'un enfant naît dans une maternité, on dit qu'il est « engendré » ou « procréé », et non pas « créé », car la création suppose que les parents aient « fabriqué » l'enfant de leurs mains. Le symbole de Nicée en précisant « engendré et non pas créé » utilise le même vocabulaire que celui de la maternité, à savoir qu'un père et une mère ont donné naissance à un fils. C'est une position doctrinale qu'il convient d'assumer sans ambiguïté.

Confrontés à cette évidence, nombreux sont les prêtres, faut-il les citer, qui reconnaissent qu'ils ne comprennent, ni ne peuvent expliquer le « mystère » de la trinité, et ils demandent ainsi aux fidèles de se laisser uniquement porter par la foi. Est-ce là un « laisser-porter » formulé par le messie lui-même ? Demande-t-il au fidèle, pour des sujets aussi fondateurs, de ne pas user de sa raison mais uniquement de sa foi, lorsqu'il a lui-même tant de fois appeler la réflexion sur les raisons des préceptes.

Le Qûr'ân, à son tour, parle plus souvent à la raison qu'à la foi. La foi sans la raison ne serait qu'une répétition de gestes et de liturgies sans d'autres sens que celui de perpétuer une tradition.

L'acte de foi des musulmans consiste à dire : « J'atteste qu'il n'y a d'autre divinité que Dieu. J'atteste que Muhammad est l'envoyé de Dieu. » Cet acte, premier pilier de l'islam, a été enseigné par le prophète Muhammad de son vivant. Ceux qui venaient à l'islam témoignaient leur foi devant lui par ces deux attestations. Jésus a-t-il enseigné à ses compagnons : « Pour montrer que vous croyez en moi, dites : Je crois au Père, au Fils et au Saint-Esprit » ? Jésus prêche, entre un et trois ans, à un auditoire authentiquement juif qui n'a d'autre conception de Dieu que celle de la Thora, et il les quitte sans leur expliquer ce pourquoi il est venu. Imagine-ton Muhammad prêcher aux compagnons sans leur enseigner le premier pilier de la foi ?

Si la trinité devait être le principal message de Jésus, si elle devait être la pierre angulaire, l'alpha et l'oméga de sa mission (comme la *chahada* le fut pour Muhammad), il s'y serait appesanti. Or, à son auditoire de culture juive, pour laquelle cette croyance est si nouvelle, si inédite, car absente de tout texte saint et de tout exégèse, et qui mériterait débats, objections, questions et réponses, comme il avait coutume de le faire pour tant d'autres sujets, à cet auditoire il ne désigne nulle part trois entités divines ne formant qu'un seul dieu.

V.11 Isaïe

Fabrice : En restant dans le contexte de ce verset, je ne pense que Isaïe 29,12[253] se rapporte à Mahomed (PSL). Ce verset n'a rien avoir avec l'illettrisme de Mohamed ni avec le Coran. Dans ce passage Dieu reproche au peuple d'Israël l'égarement dans lequel il est tombé, il lit sa

---

[253] *Esaïe 29,12 Ou comme un livre que l'on donne A un homme qui ne sait pas lire, en disant : « Lis donc cela! » Et qui répond : « Je ne sais pas lire. »*

parole mais il ne l'applique pas comme il se doit, elle est devenue comme un livre qui se trouve entre les mains d'une personne qui ne sait pas lire.

Jésus fera ce même reproche aux Pharisiens et aux scribes dans Marc 7,6-8. Il leur dit : « Isaïe a bien prophétisé de vous, hypocrites, ainsi qu'il est écrit : Ce peuple m'honore des lèvres ; mais leur cœur est loin de moi. Vain est le culte qu'ils me rendent, les doctrines qu'ils enseignent ne sont que préceptes humains. Vous mettez de côté le commandement de Dieu pour vous attacher à la tradition des hommes ».

Alors en appliquant Isaïe 29,12 au Prophète Mohamed, il faut accepter la suite Isaïe 29,13 « Le Seigneur dit : Quand ce peuple s'approche de moi, Il m'honore de la bouche et des lèvres ; Mais son cœur est éloigné de moi, Et la crainte qu'il a de moi N'est qu'un précepte de tradition humaine. »

Est-ce à dire que Mohamed (PSL) appartient au peuple qui a un cœur loin de Dieu, et rends des cultes qui ne sont pas selon la volonté de Dieu, mais qui sont inventés par les hommes ?

Il est possible de donner à ces versets d'Isaïe une toute autre interprétation. Cela pose le problème de l'ambiguïté des textes lorsqu'ils ne se donnent pour mission d'être sans équivoque.

Il est communément admis que le prophète Isaïe prophétise environ sept siècles avant Jésus. Le seul livre complet découvert parmi les manuscrits de la Mer Morte est *Le Livre d'Isaïe*, certes pas suffisamment ancien car datant d'environ deux siècles avant Jésus.

Isaïe 29,10-13 Car l'Éternel a répandu sur vous un esprit d'assoupissement ; Il a fermé vos yeux, Il a voilé vos têtes.

Toute la révélation est pour vous comme les mots d'un livre cacheté que l'on donne à un homme qui sait lire, en disant : Lis donc cela ! Et qui répond : Je ne le puis, car il est cacheté ;

Ou comme un livre que l'on donne à un homme qui ne sait pas lire, en disant : Lis donc cela ! Et qui répond : Je ne sais pas lire.

Le Seigneur dit : Quand ce peuple s'approche de Moi, il M'honore de la bouche et des lèvres ; Mais son cœur est éloigné de Moi, Et la crainte qu'il a de Moi n'est qu'un précepte de tradition humaine.

Isaïe 29,11 et *29,12* disent en synthèse : « La révélation est pour vous comme un livre que l'on donne à un homme qui ne sait pas lire à qui on dit « Lis » et qui répond « Je ne sais pas lire ».

Or, selon un hadîth de Ä'isha rapporté par Bukhârî, la première révélation coranique s'est matérialisée par des « feuillets » que l'ange - sous forme humaine - tend à Muhammad en lui disant « Lis », et le Prophète répond « Je ne sais pas lire ».

L'expression « *ce peuple ... m'honore de la bouche et des lèvres* » peut tout à fait s'appliquer au peuple de Muhammad avant l'avènement de l'islam. Ce peuple « *honore Dieu par la bouche et les lèvres* », car, du bout des lèvres, il reconnait qu'il n'existe qu'un seul Dieu (le Dieu d'Ibrâhîm et d'Ismâ'îl), cependant il est « *éloigné de Dieu par le cœur* » puisqu'il adore des dieux de pierre et de bois. Le peuple mecquois préislamique croit en Dieu tout en étant idolâtre.

Qur'ân 31,25 Si tu leur demandes : « Qui a créé les cieux et la terre ? », ils répondront certes « Allâh ». Dis-leur alors : « Louanges à Dieu », mais hélas la plupart d'entre eux sont dans l'erreur.

Le peuple mecquois préislamique ne dit pas « Louanges à Dieu ! » mais il dit « Louanges à Lât ! Louanges à Uzza ! », les idoles de la Kaaba. La crainte qu'il a de Dieu n'est qu'un « *précepte de tradition humaine* » (*Isaïe 29.13*), qu'un résidu du legs de ses ancêtres Ibrâhîm et Ismâ'îl.

De même il y a concordance entre le verset

Isaïe 29,10 Car l'Éternel a répandu sur vous un esprit d'assoupissement ; Il a fermé vos yeux, Il a voilé vos têtes,

et le verset

Qur'ân 2,7 Dieu a scellé leur ouïe et leur cœur. Un voile leur couvre la vue.

VI Le Qur'ân

Fabrice : Je doute fort que l'orthodoxie musulmane ne repose sur les écritures anciennes. En mettant de côté tous les extraits de la Bible, quelle nouveauté apporte le Coran si ce n'est l'endurcissement de la loi de Moïse ?

Bien que le Nouveau Testament se présente comme une sorte de continuité de l'Ancien Testament - au point de former avec lui la compilation qu'est la Bible -, le canon chrétien, dans les faits, abandonne le chemin tracé par Moïse, celui qu'ont suivi tous les prophètes venus après lui (Josué, Samuel, Elie, Isaïe, ...), pour s'engager dans une déviation ouverte par les porteurs des étendards *Trinité, Filiation divine, Incarnation*. Le Qur'ân s'inscrit également dans une rupture avec ce qui le précède, puisqu'il appelle à revenir sur le « droit chemin »[254], et définit Dieu comme un Être Supérieur, Unique, Invisible, s'adressant à tous les êtres humains, sans distinction de communautés.

Les écritures saintes antérieures sont faites de chroniques de rois, prophètes, rédigées par des auteurs non investis de mission prophétique. Le Qur'ân rompt avec cette médiation, cette divinité à la troisième personne ; Dieu s'y exprime Lui-même, par le *Je* ou le *Nous* de majesté, par la Parole parcourant les sept cieux, sans intermédiaire, sans prophète ni saint, venant s'adresser directement au cœur et à la raison de l'homme. Chaque sourate - à l'exception de la neuvième - porte la signature divine « *Au nom de Dieu, le Tout-Miséricordieux, le Très-Miséricordieux* »[255].

---

[254] *As-cir'âT'al mustaqîm (le chemin droit). Qur'ân 1,6-7 : Guide-nous dans la voie droite, la voie de ceux que Tu as comblés de bienfaits, non celle de ceux qui ont encouru Ta colère ou se sont égarés.*
[255] La *basmala*, formule d'ouverture des sourates, parfois également traduit

VI.1 Son auteur et sa forme

Nombre de non musulmans, sans le moindre argument si ce n'est un refus quasi inné, hérité de siècles de confrontation et d'éloignement, prétendent que Muhammad est l'auteur du Qur'ân, et cette assertion est pour les musulmans la chose la plus insensée qui soit. D'autres, moins nombreux, ayant approché le Livre de plus près, pensent qu'il est l'œuvre de plusieurs personnes, dont des érudits, des poètes, des prêtres et rabbins convertis. Ce penchant pour une pluralité d'auteurs provient de leur culture chrétienne - la Bible étant le prisme par lequel ils regardent les autres livres saints -, mais c'est également, malgré les multiples différences dans les récits sur les prophètes et peuples anciens, et la place non prépondérante qu'occupent ces récits, la seule manière pour eux d'expliquer tout le contenu, de leur point de vue, d'essence thoraïque et évangélique, apocryphe et canonique, dont la connaissance, éparse et fragmentaire à cette époque – la bible reliée n'existant pas -, ne pouvait être détenue par un seul fidèle, mais plutôt répartie sur une diversité de communautés. Les scientifiques, de tout bord, ayant examiné à la loupe certains versets, reconnaissent qu'il est

---

par « *Au nom de Dieu, le Clément, le Miséricordieux* », porte trois noms de Dieu : Allâh, Ar-Rahman, Ar-Rahîm. Allâh, le nom le plus courant dans le Qur'ân, ne peut être strictement traduit par Dieu, car si le nom dieu peut s'utiliser au féminin et au pluriel, le nom Allâh, en arabe, est invariant. Le nom « Rahman », traduit par « Tout-Miséricordieux » ou « Clément », désigne, selon l'exégèse, la miséricorde divine se manifestant ici-bas pour « tous » les êtres humains sans distinction de croyance ; tandis que le nom « Rahîm », traduit par « Très-Miséricordieux » ou « Miséricordieux », désigne la miséricorde divine dans l'au-delà exclusivement réservée à ceux qui ont suivi les messagers de leur temps.

humainement impossible qu'ils soient l'œuvre d'un homme du septième siècle, ou de tous les siècles qui ont suivi jusqu'au vingtième, car ces versets renferment des vérités découvertes que très récemment, à l'issue de longs travaux de recherche, qui plus est, disposant des instruments les plus sophistiqués - microscopes, lunettes astronomiques, sondes géologiques, ...[256]

Qur'ân 6,105 C'est ainsi que Nous diversifions Nos versets afin d'amener les incrédules à te dire : « Où as-tu appris tout cela ? »

Le livre se prête ainsi à plusieurs lectures : mystique, scientifique, juridique, linguistique. Chacun y perçoit Dieu selon sa propre personnalité, ses propres préoccupations. Dieu dit de Lui-même qu'Il est tel que Son serviteur L'imagine.

Je suis avec Mon serviteur selon l'opinion qu'il se fait de Moi, et je suis avec Lui lorsqu'il Me mentionne. [257]

N'étant pas structuré thématiquement, à l'image de la Thora, ni chronologiquement, à l'image des Evangiles, ses sourates, à l'exception de la première (l'Ouverture), ordonnés essentiellement de la plus longue à la plus courte, le Qur'ân se dérobe aux analyses usuelles. Révélé en vingt-trois ans, transcrit dans l'instant, il doit être appréhendé comme un compagnon du Prophète (et à travers lui de tout croyant), la voix de Djibrîl à ses côtés, l'enseignant, l'éduquant, l'assistant.

---

[256] Voir à ce propos, entre autres, les ouvrages de Maurice Bucaille. On estime que sur le millier de versets comportant une part d'énoncé scientifique, aucun n'entre en contradiction avec l'état des découvertes, tandis que près d'un cinquième demeure incompris.
[257] *hadîth qudsi* rapporté par Ümar ibn Hafs

Chaque révélation est un signe (âyât), une manifestation divine, donnant des directions, répondant à des préoccupations[258]. Le fil d'une même histoire peut s'allonger sur plusieurs révélations non contiguës, car c'est un épisode précis de la vie d'un ancien prophète qui vient faire écho à ce que vit le messager ou ses compagnons. L'histoire du prophète ancien en soi ne constitue pas l'objet de l'intervention divine, mais c'est un pan de cette histoire qui est contée au Prophète pour le réconforter dans l'épreuve, lui montrer que tous les messagers avant lui ont subi brimades et afflictions, suivis par les plus humbles, combattus par les plus puissants. Chaque portion de ces histoires est au service d'une idée, une invitation à la patience. Un récit entamé dans une sourate ne s'y achève pas, se poursuit dans une autre, est mentionnée dans une troisième, puis rappelée, résumée, dans une quatrième. Le Livre s'inscrit tant dans l'instant qu'il suppose, pour sa bonne compréhension, la connaissance parfaite de l'arrière-plan de chaque verset, le lieu (la Mecque, Médine, une route de voyage), et les faits antérieurs à la révélation.

Le Livre interpelle directement sur un sujet précis, sans en fournir les détails, le croyant étant censé connaître tous les contextes concernés. Ainsi la sourate *Abasa*[259] s'ouvre par :

Il s'est renfrogné et s'est détourné,

Lorsque l'aveugle est venu à lui.[260]

---

[258] De nombreux versets débutent par les expressions « *A ceux qui t'interrogent sur …* », « *On t'interroge sur …* », « *Ils t'interrogent sur …* », « *Mes serviteurs t'interrogent sur …* », …
[259] *Sourate 80.*
[260] *Qur'ân 80,1-2.*

Il est ici fait référence à un aveugle venu au Prophète alors qu'il était occupé à prêcher à des notables mecquois, et qu'exceptionnellement, ce jour, il avait perçu chez eux une disposition à l'écouter. Saisi par l'espoir que cette attention pouvait susciter pour la condition des musulmans de la Mecque, le Prophète n'a pu dissimuler sur son visage un signe d'*impatience polie* lorsque l'aveugle l'a interrompu pour lui poser des questions. Cette sourate exhorte ainsi tout croyant à veiller à donner attention et considération à celui qui cherche son Seigneur, fût-il le plus humble, car, aux yeux de Dieu, cette quête a bien plus de valeur que la place donnée ici-bas à ceux qui semblent présider aux destinées des hommes.

De même, la sourate *Al-Fil*[261] évoque, de manière succincte, un évènement majeur de l'histoire de la Mecque, alors que le Prophète était encore nourrisson, ou n'était pas né[262]. La sobriété du récit s'explique par le fait que les contemporains du Prophète connaissent cette tentative d'invasion de la Mecque par une armée menée par l'Abyssin Abraha, de sorte que le Qur'ân ne fait que la mentionner pour donner une preuve de la puissance de Dieu protégeant Son sanctuaire, la Kaaba, en venant à bout d'une armée dotée de puissants éléphants, avec les seuls éléments de la nature, tandis que tous les Mecquois s'étaient terrés de peur[263].

---

[261] *Sourate 105.*

[262] La *Sira* rapporte que le Prophète est né dans la période où se déroule cette tentative d'invasion de la Mecque par l'armée d'Abraha.

[263] A l'exception d'Abû Muttalib, grand-père du Prophète et gardien des lieux saints de la Kaaba, venu à la rencontre d'Abraha demander que son bétail soit épargné : « *Si, dit-il à Abraha, tu me demandes ce que je désire, c'est que tu épargnes mes animaux. Quant à la Kaaba, c'est la maison de Dieu, et Dieu lui suffit comme protecteur* ».

Chaque verset révélé est accompagné de l'instruction de son emplacement dans le Livre en formation. Sur les cent quatorze sourates, certaines, courtes ou longues, ont été transmises d'un jet ; et leur psalmodie s'étire comme un long souffle ininterrompu, élevant progressivement l'âme, comme si chaque syllabe, de la basmala au long des versets, était une marche vers cette élévation, l'ouvrant à l'entendement d'une parole supérieure, le submergeant d'un flot de vérités et de beautés profondes, embuant l'œil, pour, à la note finale, faire couler abondamment les larmes témoins de la réception de la Parole émise par Celui auprès de qui l'âme est née.

Le Qur'ân transcende la beauté de la rime, rend quasi palpable la présence de Dieu par un langage surhumain, pénètre de façon durable le cœur par la répétition d'un même verset, revenant continuellement, supérieur à un refrain, telle une perle flamboyante reproduite à l'infini parmi les graines d'un chapelet. La sonorité se marie avec le message pour ne faire qu'un. La description du paradis est accompagnée de parfums de fleurs et de ruissellements d'eau.

Commencée sur l'évocation d'un peuple, à la manière d'une source se répandant sur la surface de toute chose, la sourate s'étend, décrit l'enfant non encore formé dans la matrice nourricière, les abeilles butinant de fleur à fleur, les montagnes à l'utilité ignorée des hommes, puis elle s'enfonce dans les profondeurs des couches terrestres, exhorte l'homme à observer comment l'eau de pluie dans cette terre ramène à la vie ce que l'homme croyait mort, car si l'homme doute de sa faculté de se relever après la mort Dieu lui montre ce qu'il en est des autres êtres vivants ; puis la sourate s'élance, évoque la lumière de Dieu, les anges, la clarté lunaire à distinguer de l'éclat du soleil, puis elle revient à l'histoire, le tout rythmé, entre prose et poésie.

Qur'ân 31,27 Quand bien même tous les arbres de la terre se transformaient en plumes, et la mer, grossie de sept autres mers, deviendrait un océan d'encre pour écrire la Parole de Dieu, tous les arbres et l'océan ne suffiraient à épuiser la Parole de Dieu, car Dieu est, en vérité, le Tout-Puissant, le Sage.

La beauté et la profondeur du texte se dérobent dès que l'on sépare le texte de sa langue. La traduction qui privilégie le sens perd la beauté ; celle qui s'applique à préserver la beauté perd le sens. L'émotion, qui est le résultat de la perception combinée de la beauté et du sens, n'est ainsi possible que dans une seule langue, l'arabe.

Qur'ân 12,2 Nous l'avons révélé en langue arabe claire, afin que vous le compreniez.

Toutes les recommandations concernant le Livre - ne pas poser sur le sol, ne rien poser dessus, n'ouvrir qu'en état de pureté obtenue par les ablutions - ne s'appliquent qu'à la Parole de Dieu telle qu'insufflée au Prophète.

Les consignes contenues dans les versets s'affinent au fur et à mesure. Les Arabes épousent plusieurs femmes sans limite et non pas seulement pour être « *justes envers des orphelins* »[264], de même qu'ils les répudient sans obligation vis-à-vis d'elles. Désormais le nombre d'épouses sera limité à quatre, avec la condition que l'homme agisse

---

[264] La polygamie est d'abord et avant tout comme un moyen de secourir les veuves, notamment de combattants tombés, et leurs enfants orphelins. *Qur'ân 4,3 Si vous craignez d'être injustes envers les orphelins, épousez parmi les femmes que vous aurez choisies. Et si vous craignez de ne pouvoir être justes, alors tenez-vous en à une seule. Cela vous préservera mieux de l'injustice.*

de manière égale entre elles - ce qui est quasi humainement impossible[265]. A la mère, sœur, épouse, revient une part en cas de divorce[266] ou de veuvage[267]. Les prises de guerre sont transformées en *esclaves*[268], désormais la non possibilité du jeûne, ou du pèlerinage, sera compensée par l'affranchissement d'esclaves. L'alcool est interdit au moment de la prière, puis il est interdit de manière inconditionnelle. La finalité de cette démarche progressive est l'édification de l'homme noble, de cette noblesse qui s'acquiert par la piété. Cet homme, qui plaît à Dieu, n'est pas nouveau ; il est dans les écritures antérieures.

Luc 1,15 Car il sera grand devant le Seigneur. Il ne boira ni vin, ni liqueur enivrante[269].

---

[265] Le Qur'ân *Qur'ân 4,129 Vous ne pourrez traiter équitablement vos femmes même si vous vous y évertuiez.*

[266] *Qur'ân 2,241 Les femmes divorcées ont droit à une pension convenable. C'est un devoir pour qui craignent Dieu.*

[267] La procédure d'héritage dans le Qur'ân est complète, complexe, prend en compte tous les cas de figure (mariage avec ou sans enfants, existence ou non de frères, sœurs et ascendants du défunt). *Qur'ân 4,12 « (…) Et à vos épouses un quart de ce que vous laissez si vous n'avez pas d'enfant (…) ».*

[268] La traduction consiste souvent, par souci de simplicité, à chercher l'équivalent d'un mot dans une autre langue sans toujours prendre garde à ce que le terme choisi véhicule histoire et images inadaptés. Or, pour être fidèle à la culture d'origine, le traducteur doit souvent consentir à remplacer un mot par toute une expression, si longue et si lourde puisse-t-elle être, afin de rendre le plus fidèlement une réalité. Le terme « esclave », dans notre entendement d'aujourd'hui, transporte toute une imagerie de chaînes, de privation et d'abaissement, la réalité est toute autre pour les « gens de maison » de l'époque du Prophète, qui bénéficient, de la part de celui qui en a la responsabilité, traitement quasi équivalent à celui réservé à leur progéniture ou épouses. La frontière est si tenue que l'on comprend que le Prophète, n'ayant que des filles et pas de garçons, fasse aisément de son jeune aide son propre fils.

Au vu de toutes ces considérations, chaque fois qu'un auteur non musulman commence son texte par « *Mahomet dit dans le Coran...* », il perd toute crédibilité aux yeux du musulman. Est fabricant d'histoire tout celui qui avance, insinue, que Muhammad tenait une plume sur un parchemin, car il n'aura à son appui aucune des sources anciennes, toutes formelles sur l'analphabétisme du Prophète.

La transmission au Prophète se produit en diverses circonstances, tandis qu'il est à dos de chameau, de cheval, en assemblée parmi ses compagnons. Il entend alors un bourdonnement sourd et confus, son visage blêmit, son corps devient si lourd que sa mouture s'affaisse brutalement. Il est pris de tremblements, d'énormes gouttes de sueur perlent sur son front. On le couvre de manteaux, on dispose un voile sur son visage, un oreiller sous sa tête. Ses yeux refermés, il n'est plus quasiment de ce monde. « *Pas une fois*, confie-t-il, *ne me fut adressée une révélation sans que je n'eusse cru qu'on m'enlevait l'âme.* » La transmission achevée, il rouvre les yeux, signe de son retour.

Lors des premières révélations, lorsqu'il lui semblait celles-ci achevées, il s'empressait de se relever et de répéter les paroles apprises. Un verset lui recommande la patience.

Ne te hâte pas de répéter les versets du Qur'ân avant que leur révélation ne soit achevée, et dis : « Seigneur, donne-moi encore plus de savoir. »[270]

---

[269] Ce verset *Luc 1,15* annonce la naissance de Jean-Baptiste (Yahyâ, paix et salut sur lui) au prophète Zacharie (Zakarie, paix et bénédiction sur lui) en donnant la description d'un croyant irréprochable ne buvant pas de vin. Si Jésus est le parfait modèle du croyant, comment expliquer que dans l'évangile johannique, versets *Jean 2,7-9,* il transforme l'eau en vin ?

A d'autres occasions, la révélation lui parvient par le biais de l'archange Djibrîl, se présentant à lui sous forme humaine. Les habitants de Médine ont pu voir cette forme humaine prise par Djibrîl à diverses occasions, sur une monture à la fin du siège de Médine par les armées mecquoises[271], ou comme visiteur à Médine.

Ümar ibn al Khattâb rapporte :

« Un jour que nous étions assis auprès du Messager de Dieu, voici qu'apparut à nous un homme aux habits d'une vive blancheur, aux cheveux d'une noirceur intense, sans trace visible de voyage sur lui. Personne parmi nous ne le connaissait. Il vint s'asseoir vis-à-vis du Messager, plaça ses genoux contre les siens, les paumes de ses mains sur ses deux cuisses, et lui dit :

- Ô Muhammad ! Informe-moi sur l'Islam.

L'envoyé de Dieu répondit :

- L'Islam c'est témoigner qu'il n'est de divinité que Dieu, que Muhammad est Son envoyé, accomplir la prière, verser la zakât[272], jeûner le mois de ramadhân, et effectuer le pèlerinage à la Maison de Dieu si tu en as la capacité physique et la possibilité matérielle.

- Tu dis vrai ! acquiesça l'homme.

Nous fûmes étonnés de voir cet homme interroger le Messager de Dieu et approuver ses réponses (...) »

---

[270] *Qur'ân 20,114.*
[271] Bataille du fossé.
[272] *Impôt purificateur.*

L'homme poursuit son interrogatoire, confirme chaque réponse obtenue par l'acquiescement « *Tu dis vrai* ».

- *Informe-moi sur l'Heure, dit-il enfin.*

- *Celui qui interroge sur l'Heure n'en sait pas plus que celui qui est interrogé.*

Tous les compagnons présents demeurent silencieux tout en étant surpris de la teneur de l'échange. Satisfait des réponses, l'homme se lève et prend congé de l'assemblée.

- C'est Djibrîl, leur dit Muhammad, venu vous enseigner votre religion.

VI.2 Le miracle du Qur'ân

Lorsque, durant ses premières années de prêche, les négateurs mecquois demandent au Prophète un miracle, Dieu leur répond :

Et ils disent : « Que n'a-t-on fait descendre sur lui des prodiges de la part de son Seigneur ? » Dis : « Les prodiges sont auprès de Dieu, et je ne suis qu'un avertisseur. »

Ne leur suffit-il pas que Nous t'ayons révélé ce Livre qui leur est récité. Il est en vérité rappel et miséricorde pour ceux qui croient.[273]

La parole véridique ne leur suffit-elle pas ? Si les prodiges étaient garants de l'acceptation des hommes, si les tours de magie de Moïse et les sept plaies d'Egypte avaient convaincu, Pharaon n'aurait pas été incrédule et Moïse n'aurait pas fait traverser à son peuple la Mer Rouge. Si les prodiges suffisaient à réunir les hommes derrière les

---

[273] *Qur'ân 29,50-51*

envoyés de Dieu, les Thamûd ne se seraient pas rebellés, Jésus n'aurait pas été abandonné de ses compagnons et Pilate ne l'aurait pas livré à la vindicte populaire. Au cœur asséché le prodige ne sera jamais assez grand pour l'épancher.

Même si Nous avions fait descendre sur toi un Livre qu'ils pourraient toucher de leurs mains, ceux qui ne croient pas diraient « Ce n'est que pure magie. »[274]

Même si Nous leur ouvrions une porte sur le Ciel, et qu'ils puissent à chaque instant y monter, ils diraient « Ce n'est que pure hallucination, nous sommes envoûtés. »[275]*,*

Même si Nous faisions descendre les anges sur eux, que les morts leur parlaient et que Nous faisions défiler toute la Création devant leurs yeux, ils ne croiraient pas, à moins que Dieu ne l'eût voulu. Mais la plupart d'entre eux ne savent pas. »[276]

Cependant que sur le cœur sincère la Noble Parole agira à la manière dont un enfant reconnaît la voix d'un père l'exhortant pour son bien. Ümar ibn al Khattâb, notable mecquois, le glaive à la main, décidé à en finir avec le Prophète, lorsque, sur son chemin, reçoit entre ses mains quelques feuillets de versets du Qur'ân, est tant bouleversé par leur lecture, qu'il poursuit son chemin, le glaive au fourreau, rejoindre le Prophète, prendre place auprès de lui et reconnaître qu'il n'est de divinité que Dieu et que Muhammad est Son messager. Il n'est de plus grand prodige, auprès de l'homme, que la Parole de son Créateur. C'est

---

[274] Qur'ân 6,7
[275] *Qur'ân 15,14-15*
[276] *Qur'ân 6,111*

le miracle permanent, audible et visible, de générations en générations.

VI.3 L'Unicité Absolue

L'*associanisme*, l'essence divine rattachée à une entité visible, objet ou être humain, constitue le paroxysme du blasphème en islam, l'offense la plus grande faite à Dieu. Les soixante-dix-sept mille neuf cent trente-quatre mots du Qur'ân concourent tous à répéter inlassablement : *Âhad* (Unique).

Dis : « Il est Dieu, l'Unique,

Dieu l'Absolu,

Il n'a jamais engendré, Il n'a jamais été engendré,

Et il n'est rien qui lui soit égal. »[277]

Rien de ce qui existe sur terre, mer, dans les cieux, ou qui peut germer dans l'imagination de l'homme, ne peut Lui ressembler.

L'homme vivait-il dans l'obscurité avant l'avènement de ce Livre ? Certes non, et cette unicité figure parmi les commandements des écritures anciennes.

Tu n'auras pas d'autres dieux devant ma face.

Tu ne te feras point d'image taillée, ni de représentation quelconque des choses qui sont en haut dans les cieux, qui sont en bas sur la terre, et qui sont dans les eaux plus bas que la terre.[278]

---

[277] *Quran 112*
[278] *Exode 20,3-4*

Le monothéisme pur est né avec l'homme, il a traversé tous les temps et toutes les terres. Le Qur'ân, dernier livre révélé, dernier legs à l'humanité, après des millénaires de dévouement par quelques peuplades fidèles, déclare l'islam l'apogée, le parachèvement de ce culte au Dieu unique.

Aujourd'hui J'ai parachevé pour vous votre religion et complété sur vous Mon bienfait.[279]

Tous ceux qui s'inscrivent dans ce parachèvement sont modèles de monothéisme pour l'humanité, tandis le Prophète est modèle de piété pour eux. Ce rôle du juste milieu au sein du genre humain est gravé au milieu de la plus longue sourate du Qur'an :

Nous vous avons désigné communauté du juste milieu, afin que vous soyez témoins pour l'humanité, comme le messager est témoin pour vous.[280]

Depuis ce parachèvement, il n'est d'autre chemin agréé de Dieu que celui qu'Il a désigné.

La vraie religion auprès de Dieu est l'islam.[281]

Un tel Livre ne pouvait-il descendre qu'avec le dernier des prophètes, après des millénaires de civilisation ? Les hommes ont vécu éloignés les uns des autres, se méconnaissant, chaque peuple suivant ses propres guides et ses propres rites. Lorsque la civilisation a pu rendre possible les longs voyages, l'écriture partageable, l'échange permanent, le message divin a pu jaillir d'une source unique et se répandre sur toute

---

[279] *Qur'ân 5,3.*
[280] *Qur'ân 2,143.*
[281] *Qur'ân 3,19.*

la surface de la terre, confirmant, englobant, tous les messages des prophètes précédents à leurs peuples, et corrigeant le dévoiement qu'ont pu en faire les hommes après eux.

Une grande partie des hommes suivra ce message ultime, les uns abandonnant les dévoiements qui ont pu altérer les commandements divins, les autres quittant la voie de leur peuple pour la voie universelle, et d'autres venant à Dieu sans jamais L'avoir connu auparavant. L'hétérogénéité étant le propre de ce monde, la nature humaine diverse par essence, les hommes, dans un seul mouvement, ne s'inclineront ni ne se prosterneront derrière le même prophète.

Si Dieu l'avait voulu, Il aurait fait de vous une seule communauté. Mais Il vous éprouve en ce qu'Il vous a donné. Rivalisez donc les uns avec les autres dans l'accomplissement de bonnes œuvres. Et c'est vers Dieu que tous vous ferez votre retour, et Il vous informera sur vos divergences.[282]

VI.4 Les attributs de Dieu

Dieu, dans le Qur'ân, n'est pas une « personne »[283], n'est pas régi par le temps défini pour cette création[284], puisqu'Il se trouve hors de cette création.

En interprétant, dans l'Ancien Testament, l'homme créé à l'image de Dieu[285], le dogme a incité à concevoir Dieu semblable à l'humain, au

---

[282] *Qur'ân 5,48.*

[283] Chacune des trois entités de la trinité est « une personne ».

[284] *Qur'ân 22,47 Un jour auprès de Dieu est comme mille ans de ce que vous comptez.*

[285] *Genèse 1,26 Puis Dieu dit : Faisons l'homme à notre image, selon notre*

point – malgré un commandement divin - de Le représenter, notamment sur le plafond de la chapelle Sixtine, en être humain, modèle du premier être homme, Adam.

Le Qur'ân énonce que Dieu, bien qu'Entité ne pouvant être ni représentée ni imaginée, peut être désigné, notamment lors des prières, par Ses noms[286], qui sont Ses attributs, au nombre de 99 : Le Doux, Le Subtil, Le Sage, Le Juste, Le Miséricordieux, Le Clément, Le Savant, L'Omniscient, La Paix, ... En soufflant la vie à l'homme, Dieu lui transmet ces attributs ; l'homme est ainsi capable, en plus infimes proportions, de paix, de science, de connaissance, de clémence, de miséricorde, de justice, de sagesse, de subtilité, de douceur, ...

Il n'a été donné à nul être humain de Le voir, fût-il messager, à nul ange, fût-il archange, à nul djinn, fût-il parmi les plus saints[287]. Lorsque Moïse, sur le mont Sinaï, a souhaité Le voir, Il lui a désigné une montagne où Il déposerait un peu de Sa lumière. La montagne s'est volatilisée, et Moïse a perdu connaissance. Son image ne peut être supportée par les éléments d'ici-bas.

Maryam, Muhammad, ont tous deux été visités par un Esprit en forme humaine. Durant la nuit de l'Ascension, le Prophète fut élevé de Jérusalem au ciel, en compagnie de Djibrîl, mais le Jujubier de la Limite s'imposa à lui comme voile infranchissable, malgré son statut de sceau

---

ressemblance.

[286] *Qur'ân 17,110 Dis-leur : « Invoquez Allâh ou invoquez Ar-Rahman ». Sous quelque nom que vous L'invoquiez, Il porte les plus beaux noms. Et n'élève pas trop haut ta voix dans tes prières ni ne l'abaisse trop bas, mais place-la entre les deux.*

[287] *Exode 33,20 L'Eternel dit : Tu ne pourras voir ma face, car l'homme ne peut me voir et vivre.*

des prophètes, voile derrière lequel il lui a été donné d'entendre le symbole de la voix de Dieu.

Selon l'orthodoxie musulmane, Dieu ne se rendra visible que dans l'au-delà, et uniquement à ceux qui seront élus pour le paradis. Les deux plus grandes joies dans la vie du croyant sont ainsi celle de la rupture du jeûne (sentiment du devoir accompli) et celle, inexprimable, de la vue de Dieu.

Le Qur'ân associe le Créateur au concept de Lumière. Les milliards d'espaces qui nous séparent de cette lumière sont régulièrement franchis par les anges en une vitesse inconnue des hommes[288].

Dieu est la lumière des cieux et de la terre. Sa lumière est telle une niche où se trouve une lampe. La lampe est dans un verre. Ce verre a l'éclat d'une étoile brillante. Tirant son éclat d'un arbre béni, un olivier qui n'est ni d'Orient ni d'Occident, dont l'huile brille presque d'elle-même, sans qu'aucun feu ne l'ait touchée. Lumière sur lumière, Dieu guide vers Sa lumière qui Il veut. Et Dieu parle à l'humanité sous forme imagée, et Dieu est omniscient.[289]

Ghazali, l'un des plus grands noms de la théologie islamique, a produit un livre entier[290] pour interpréter ce verset. La portée mystique qu'il a

---

[288] Lorsque le prophète Muhammad, de retour du ciel et de Jérusalem, a conté ce voyage d'une nuit aux habitants de la Mecque, avec des preuves irréfutables sur ce qu'il a pu voir depuis les hauteurs (des caravaniers à la recherche d'une monture égarée, la description de la cité lointaine, …), nombre de nouveaux musulmans ont été ébranlés dans leur foi par ce récit jusqu'à l'intervention d'Abû Bakr leur rappelant la célérité avec laquelle Muhammad reçoit les révélations de Dieu.
[289] *Qur'ân 24,35.*
[290] Le tabernacle des Lumières, Abû Hâmid al-Ghazali.

pu en donner a évolué avec les siècles, jusqu'à, de nos jours, revêtir une dimension plus scientifique, l'image de la niche en verre et de l'huile étant comparée à celle de la mèche brûlant dans le verre de la lampe à pétrole, puis au fil incandescent de l'ampoule électrique. Au vu de la variété des interprétations, et du choix d'absence d'interprétation chez certains exégètes, ce verset est sans doute de ceux qui dépassent l'entendement du commun des mortels.

VI.5 Le Trône

La royauté figurant parmi les attributs divins[291], le Trône de Dieu est un des symboles de Sa puissance. Le verset du Trône *(ayât'al'kursi)* est ainsi, avec la sourate *Al-Ikhlas (Le monotéisme pur)*[292], parmi les descriptions coraniques de Dieu les plus couramment récitées.

Dieu ! Point d'autre divinité que Lui, le Vivant, le Subsistant, l'Eternel. Ni assoupissement, ni sommeil, n'ont de prise sur Lui. A Lui appartient tout ce qui se trouve sur la terre et dans les cieux. Nul ne peut intercéder auprès de Lui, si ce n'est avec Sa permission. Il connaît le passé et l'avenir des hommes, tandis qu'ils n'acquièrent de Sa science que ce qu'Il veut. Son Trône s'étend sur les cieux et la terre, Il les régit en Sa puissance sans difficulté. Il est le Très-Haut, le Tout-Puissant.[293]

Tout en étant hors de Sa création, Dieu est au fait du moindre mouvement de roseau qui s'y déroule, de la moindre pensée qui traverse l'esprit humain, car Il est *« plus proche de l'homme que sa veine jugulaire »*[294] .

---

[291] *Al-Malik (Le Roi).*
[292] *Sourate 112.*
[293] *Qur'ân 2,255.*

Il détient les clefs du mystère qu'Il est Seul à connaître, Il sait ce que recèlent le sein de la terre et le fond de la mer. Nulle feuille ne tombe sans qu'Il le sache. Et il n'est point de grain dans les entrailles de la terre, ni de brindille tendre ou sèche, qui ne soit mentionné dans un Livre explicite ! [295]

L'univers et ses multiples étoiles et êtres vivants préexistaient avant l'homme, sans que nul, parmi ces êtres antérieurs à l'homme sur terre, ne soit doté de la raison autonome, du libre arbitre. En insufflant l'âme à la matière, Dieu a « voulu Se faire connaître »[296] ; les djinns et les hommes n'ont ainsi été créés que pour L'adorer[297].

Cette création n'est ni jeu, ni futilité[298] ; à la liberté de chacun succédera le jugement de tous, afin que l'injustice ne reste impunie, ni le bienfait demeurer sans récompense. Pour guider l'homme dans ce parcours d'une vie, pour ne pas le laisser ignorant des attentes de Dieu, il lui sera transmis un Livre explicite détaillant le préjudiciable, et l'équitable, à la manière dont un fabricant accompagne son produit du manuel énumérant les usages à éviter et les gestes à adopter.

Quant à ceux qui refusent cette suprématie de Dieu :

---

[294] *Qur'ân 50,16 En vérité Nous avons créé l'homme et Nous savons ce que son âme lui murmure, car Nous sommes proches de lui que sa veine jugulaire.*
[295] *Qur'ân 6,59.*
[296] hadîth qudsi.
[297] *Qur'ân 51,56 Et Je n'ai créé les djinns et les hommes que pour M'adorer.*
[298] *Qur'ân 44,38-39 Et Nous n'avons pas créé les cieyx et la terre, et tout ce qui se trouve entre eux, par jeu. Nous ne les avons créés qu'en toute vérité. Cependant la plupart d'entre eux sont ignorants.*

*Ceux dont l'ambition se limite aux plaisirs et au faste de ce monde,
Nous rétribuerons leurs efforts dans ce monde, sans leur faire subir la
moindre injustice.*[299]

---

[299] Qur'ân 11,15

VI.6 Les gens du Livre

Fabrice : On y trouve [dans le Coran] des références aux gens du livre.

Si, à l'image de certains auteurs chrétiens, par « références » tu entends des personnes dotées de savoir ésotérique, forts de leur position de prédécesseurs dans le rapport à Dieu, susceptibles d'expliquer au musulman le mystère divin, et notamment les versets du Qur'ân, il ne peut s'agir que d'une mauvaise interprétation de passages du Qur'ân donnant au prophète Muhammad l'exemple des prophètes qui l'ont précédé dans l'épreuve du sermon.

Et si tu es en doute sur ce que Nous avons fait descendre sur toi, interroge alors ceux qui lisent le Livre révélé avant toi. La vérité t'est certes venue de ton Seigneur. Ne sois donc pas de ceux qui doutent.[300]

Il ne s'agit pas là d'une exhortation à s'instruire auprès des tenants des pratiques précédentes (faut-il rappeler que le Qur'ân rejette la trinité), mais plutôt d'avoir auprès d'eux, des meilleurs d'entre eux, la confirmation des exemples des messagers qui ont précédé. Dès les premières révélations, alors qu'il était saisi d'effroi, la première personne à rassurer Muhammad, sur ses visions de l'ange quasi permanent à ses côtés, fut Waraqah, monothéiste hanif. Ce n'était donc pas des polythéistes mecquois qu'il pouvait attendre la compréhension des versets du Qur'ân[301], ni la connaissance de l'existence de Djibrîl. Bien au contraire, les notables Quaryshs, confrontés à un prêche qui leur est étranger, ont envoyé auprès des

---

[300] *Qur'ân 10,94*
[301] *Qur'ân 11,49 Ce sont là quelques nouvelles de l'Invisible que Nous te révélons, et que ni toi ni ton peuple ne connaissaient.*

juifs de Médine solliciter des questions à soumettre à Muhammad afin de vérifier la véracité de sa mission. Les - très longues - réponses à ces questions des plus grands connaisseurs juifs de Médine figurent dans la sourate *Al Kahf (La Caverne)*[302], et le contenu de cette sourate n'est à trouver ni dans l'Ancien, ni le Nouveau Testament.

Le Qur'ân évoque certes la « bonté et la compassion » de ceux qui ont suivi Jésus, tout en distinguant la pratique des compagnons du sacrifice monastique de ceux qui leur ont succédés. Aussi éphémère que puisse être la vie ici-bas, Dieu n'impose à nul être humain de se priver des bons moments qu'il peut s'y procurer[303], si tant est qu'ils ne sont entachés de transgression (« *mangez de ce que la terre vous offre de licite et d'agréable* »[304], « *la femme est un vêtement pour l'homme comme l'homme est un vêtement pour la femme* »[305]), aussi n'incite-Il à aucun renoncement ou ermitage.

Nous avons envoyé ensuite sur leurs traces Nos autres prophètes que Nous avons fait suivre de Jésus, fils de Marie, à qui Nous avons donné l'Évangile. Et Nous avons fait naître dans le cœur de ceux qui l'ont suivi la bonté et la compassion. Quant au monachisme qu'ils ont instauré eux-mêmes, Nous ne le leur avons point imposé. Ils y étaient seulement poussés par leur propre désir d'être agréables à Dieu, sans pour autant l'observer comme ils auraient dû le faire.[306]

---

[302] *Sourate 18*

[303] *Qur'ân 2,286 Dieu n'impose à aucune âme une charge supérieure à ses capacités.*

[304] *Qur'ân 2,168*

[305] *Qur'ân 2,187.*

[306] *Qur'ân 57,27.*

Une des interprétations les plus répandues du dernier verset de la première sourate (L'Ouverture) associe l'expression « ceux qui ont encouru la colère de Dieu » aux gens du Livre qui, tout en connaissant la vérité, refusent de s'y soumettre[307] ; tandis que l'expression « ceux qui se sont égarés » désigne ceux dont la passion les rend insensibles aux avertissements du Livre,

Un Livre d'une parfaite droiture pour avertir d'une sévère punition de Sa part (...) et pour avertir ceux qui disent : « Dieu s'est attribué un enfant ». Ce n'est que conjectures de leur part et de la part de leurs ancêtres. Quelle monstrueuse parole que celle qui sort de leurs bouches ![308]

VI.7 Extraits bibliques ?

Fabrice : Le Coran est rempli des extraits de l'ancien testament.

Si par « extrait » il faut entendre « plagiat », cette idée est indéfendable à plus d'un titre. La Bible, telle qu'elle existe aujourd'hui, n'existait pas du temps du Prophète, sa traduction en arabe date de plusieurs siècles après sa disparition. Et, par-dessus tout, le prophète Muhammad était analphabète.

L'allégation selon laquelle ces histoires lui auraient été communiquées par un ou plusieurs inconnus – que personne n'a jamais croisés nulle

---

[307] *Qur'ân 57,16 Les croyants ne doivent-ils pas éviter de suivre l'exemple de ceux qui avaient reçu l'Ecriture avant eux et dont les cœurs se sont desséchés avec le temps.*
[308] *Qur'ân 18,2-5.*

part ni à la Mecque ni à Médine – est comparable, par son absence totale de fondement, aux calomnies sur Ïssâ ibn Mariam.

D'autre part, ces récits ne représentant qu'un dixième du corpus coranique, ils ne devraient occuper, dans l'appréciation du Qur'ân, une place plus importante qu'ils n'occupent dans le Livre lui-même. Parmi leurs multiples vertus, ils ont pour objet de prouver l'identité d'un même Dieu et la continuité d'un même message.

Enfin, un « extrait » signifie une partie d'un ensemble. Si les histoires des prophètes anciens dans le Qur'ân sont des « extraits » de l'Ancien Testament, ils devraient être conformes à cet Ancien Testament, or ce n'est pas le cas.

Confronté à ces différences, l'argument de l'antériorité est alors souvent invoqué par le non musulman : la Bible, étant antérieure au Qur'ân, elle doit naturellement constituer la source de vérité, la référence. Cet argument est irrecevable. Il n'est de discipline, de domaine du savoir, où l'antériorité est garante de véracité. Qu'il s'agisse de sciences exactes, expérimentales, humaines, le nouveau prime toujours sur l'ancien. L'ascendance d'une écriture sur une autre, d'une version d'une histoire sur une autre, doit reposer, pour tout esprit dénué de passion, sur l'objectivité, sur ce qui lui semble le plus conforme à l'idée qu'il se fait de Dieu et de Ses envoyés.

VI.7.1 La Création

La Genèse décrit une création réalisée en six jours[309], chaque jour ponctué par un matin et un soir. Si le terme hébreu « yom »,

---

[309] *Genèse 1,1-31.*

équivalent au terme arabe « yawm », peut, selon le contexte, se traduire par « jour » ou par « période », l'utilisation, comme mesure du temps, d' « un matin et un soir » pose un double problème : d'une part ces deux manifestations de la nature délimite une « journée », ce qui confirme quasiment l'entendement de « yom » au sens de « jour », or la création de l'univers a pris des milliards d'années ; d'autre part, comment expliquer que cette mesure du temps ait pu être réalisée avant la création « des luminaires dans l'étendue du ciel pour séparer le jour d'avec la nuit », luminaires qui ne furent créées qu'au quatrième jour ?

Le Qur'ân décrit également une création en six phases[310], mais ne parle nullement de phase délimitée par un matin et un soir. C'est une sorte de confirmation de ce qui a précédé mais sans les erreurs ou les ambiguïtés (erreurs ou ambiguïtés non imputables à Moïse mais aux différents scribes qui se sont succédés dans l'écriture de la Genèse). Si le Qur'ân ne faisait que reprendre la Bible, pourquoi a-t-il évité de faire comprendre « période » par « un matin et un soir », alors qu'il était récité à une époque où l'on pouvait aisément croire que l'univers a été créé en six jours terrestres ? (Soit dit en passant, ces six phases de la création ne sont pas contredites par l'état actuel des connaissances scientifiques.)

---

[310] *Qur'ân 57,4 C'est Lui qui a créé les cieux et la terre en six périodes puis S'est établi sur le Trône.*

VI.7.2 Adam (Âdama)

Âdama, ancêtre des humains, apparait dès les premiers versets de la seconde sourate, *Al Baqara*, dans un contexte où les anges existaient déjà auprès de Dieu.

Puis vint le jour où ton Seigneur dit aux anges : « Je vais installer un khalife[311] sur terre ». Et les anges de répondre : « Vas-Tu établir sur terre quelqu'un qui y fera régner le mal et répandre le sang, alors que nous chantons Ta gloire et célébrons Tes louanges ? » Le Seigneur leur répondit : « Ce que Je sais dépasse votre entendement ».[312]

Dieu a en effet transmis à Âdama un savoir inconnu des anges[313]. Au nom de ce privilège de la connaissance, Il demande à Âdama d'instruire à son tour les anges[314], puis aux anges de reconnaître la supériorité de l'homme en se prosternant - de manière physique ou spirituelle - devant lui.

---

[311] Le sens de ce terme, souvent traduit par « représentant », diffère selon les interprètes. Toutefois il est légitime d'imaginer qu'il s'agit ici du sens, le plus commun, de « successeur », avec l'idée que Dieu confie – momentanément - à l'homme le pouvoir de régner sur la terre, d'y exercer un pouvoir sur tout ce qui vit, sur terre, dans les eaux et dans les airs. Une telle responsabilité confiée à un être « fait d'argile » surprend les anges, faits de lumière, et pour qui l'homme tuera son semblable pour s'emparer de ces richesses, tandis que Dieu a pris ce décret au nom d'un savoir qu'Il a transmis à l'homme.

[312] *Qur'ân 2,30.*

[313] *Qur'ân 2,31-32 Et Il apprit à Âdama tous les noms, puis les présenta aux anges en leur disant : « Informez-Moi des noms de ceux-là si vous êtes véridiques » Et les anges de dire : « Gloire à Toi ! Nous n'avons de connaissance que ce que Tu nous as enseigné, Tu es, en vérité, l'Unique 'Omniscient, le Sage.»*

[314] *Qur'ân 2,33.*

Iblis (Satan), alors ange, ou djinn, selon les interprétations, sera l'unique créature non humaine à refuser cette prédominance de l'homme.

Et lorsque Nous dîmes aux anges : « Prosternez-vous devant Âdama !», ils s'exécutèrent tous à l'exception de Satan qui refusa avec orgueil, et fut ainsi du nombre des infidèles.[315]

On ne trouvera pas dans la Bible l'équivalent de ces passages, de très haute portée théologique, montrant la naissance du mal, le pire ennemi de l'homme, être de lumière[316] (ou de feu sans fumée[317]) refusant la supériorité d'une créature faite d'argile et de limon.

Dans la version biblique, l'origine du mal n'est pas contée, tandis qu'on retrouve ce mal, sous la forme d'un serpent, incitant Adam et Eve à goûter au fruit de l'arbre interdit, image ou symbolique inexistante dans le Qur'ân.

VI.7.3 Eve (Haw'wâ)

Haw'wâ n'est pas nommée dans le Qur'ân. Il n'y est pas non plus explicitement affirmé qu'elle a été créée d'une côte d'Âdama[318].

Dans la version biblique, le diable passe par Eve, qu'il arrive à convaincre. Celle-ci transgresse puis amène son mari à commettre le même pêché. La figure de la femme a ainsi longtemps été entachée de pêchés dans la doctrine chrétienne, au point que l'église ait été

---

[315] *Qur'ân 2,34.*
[316] *Selon un hadîth (rapporté Muslim) les anges sont créés de lumière.*
[317] *Qur'ân 55,15 Il a créé les djinns d'un feu subtil sans fumée.*
[318] *Qur'ân 4,1 Ô hommes ! Craignez votre Seigneur qui vous a créés d'un seul être et de lui a créé son épouse (...)*

soupçonnée d'organiser des conciles consacrés à statuer sur l'existence d'une âme chez la femme.

Le Qur'ân parle d'une faute partagée[319], pardonnée suite à une prière révélée, « qu'Âdama se mit à répéter pour exprimer son repentir », car « Dieu est plein de clémence et de mansuétude[320] ».

VI.7.4 Noé (Nûh)

Selon la Genèse, Cham, fils cadet de Noé, a rapporté à ses deux frères, Sem et Japhet, avoir surpris leur père nu et ivre. Noé, à son réveil, maudit, non pas Cham, mais le fils de Cham, Canaan ; et cette malédiction fera de sa descendance les esclaves des hommes.

Et il dit : Maudit soit Canaan ! Et qu'il soit l'esclave de ses frères ![321]

En dehors de l'étrangeté de la malédiction d'un personnage absent au moment des faits, coupable uniquement d'être le fils du coupable de médisance, ce passage a alimenté des doctrines juives et chrétiennes soutenant l'infériorité de certaines communautés humaines et, partant, servi à justifier leurs conditions d'esclaves.

Le Qur'ân n'évoque jamais un prophète en des termes aussi rabaissant que la nudité ou l'ivresse. Les prophètes y sont toujours décrits avec grande considération (cette considération coranique pour les prophètes est à l'origine de l'affection et du respect dont ils sont auréolés dans les cœurs des musulmans, qui les considèrent tous comme des êtres supérieurs irréprochables). Le Qur'ân ne mentionne

---

pas non plus de malédiction d'un petit-fils de Nûh, mais cite plutôt un fils qui a refusé de monter dans l'arche, en minimisant le danger, et qui finit par périr dans l'eau du déluge[322].

VI.7.5 Abraham (Ibrâhîm)

Dans le récit de la Genèse, les deux invités d'Abraham, anges venus lui annoncer l'heureuse nouvelle de l'arrivée prochaine de l'enfant Isaac, ont honoré l'accueil d'Abraham en partageant avec lui le repas qu'il leur a présenté.

Le Qur'ân précise que ces invités n'ont pas touché au veau rôti, et que cela a mis l'effroi dans le cœur d'Ibrâhîm. Le texte suggère ainsi que les anges ne se nourrissent pas (même transformés en êtres humains), et Ibrâhîm ignorait qu'il avait affaire à des anges. De même Dieu n'apparaît pas à Ibrâhîm sous forme humaine.

VI.7.6 Moïse (Mûsâ)

Selon l'Exode, lorsque Moïse se retire plusieurs jours sur le mont Sinaï, son peuple s'impatiente, s'en remet à son frère Aaron. Celui-ci, en l'absence de leur prophète, et sans signe du Dieu prêché par lui, pour apaiser le besoin de vénération du peuple, lui demande de lui remettre tout son or. Il jette l'or dans le feu, et il sort un veau, que le peuple se mit à adorer[323].

---

322 *Qur'ân 11-12,43.*
323 *Exode 32,21-24.*

Selon le Qur'ân, c'est as-Sâmirî (le plus souvent traduit par le Samaritain) qui a égaré le peuple de Mûsâ et suggéré la fabrication de ce veau d'or, fabrication à laquelle Aaron s'est opposée en vain[324].

La version de l'Exode affirme que Moïse, revenu du mont Sinaï, réunit les enfants de Lévi et leur transmet l'ordre de l'Eternel : que chaque enfant de Lévi se munisse d'une épée, parcourt « le camp d'une porte à l'autre, et que chacun tue son frère, son parent ». Et « environ trois mille hommes parmi le peuple périrent en cette journée »[325].

Dans la version coranique, le peuple de Mûsâ se repent, si bien que nulle exécution n'est ordonnée, et encore moins un fratricide de masse[326]. Au contraire, à son retour, Mûsâ demande pardon à Dieu, pour lui-même, son frère et son peuple ; de même il n'a pas brisé les tables écrites de la main de Dieu « au pied de la montagne », mais il les reprend après s'être emporté, à tort, contre son frère Hârûn.

---

[324] *Qur'ân 20,85-90.*
[325] *Exode 32,26-28.*
[326] *Qur'ân 7,149.*

VI.7.7 Salomon (Suleymân)[327]

Contrairement au Livre des Rois qui présente un Salomon vieillissant succombant au polythéisme de ses femmes[328], les versets coraniques assurent qu'il est demeuré prophète – prophète et non pas seulement roi -, croyant fidèle à Dieu.

Ils ont préféré suivre ce que les démons rapportaient du règne de Suleymân. Mais il n'était point négateur. Seuls les démons l'étaient, eux qui ont enseigné aux gens la sorcellerie.[329]

VI.7.8 Tous les autres prophètes

On peut ainsi, pour chaque prophète, d'Adam à Jésus, montrer les différences majeures entre les textes. Il est surtout à retenir de cette comparaison que là où le Qur'ân évoque toujours les prophètes en des termes invitant à l'affection et à la déférence, la Bible en donne souvent des descriptions peu flatteuses : nudité, ivresse, inceste (Loth et ses deux filles), trahison de la foi (Salomon). La figure de Jésus, présentée comme irréprochable, émergeant au bout de cette chaîne de prophètes et rois faillibles, contribuera à le déifier.

VI.8 Endurcissement de la loi de Moïse ?

Fabrice : Quelle nouveauté apporte le Coran si ce n'est l'endurcissement de la loi remise à Moïse ?

---

[327] Paix et bénédiction sur lui.
[328] *1 Rois 11,4.*
[329] *Qur'ân 2,102.*

Cette interrogation est identique à celle que peuvent avoir bien des musulmans après lecture des quatre évangiles canoniques. Ils se disent : Jésus n'a pas véritablement apporté de nouvelle religion, puisqu'il est resté juif (au même titre que la longue liste des prophètes entre Moïse et lui), il n'a bâti, ni fait bâtir, aucune église, puisque le Temple était son lieu de prière, il n'a véritablement introduit aucune nouvelle pratique au sens de rite quotidien.

En faisant cette réflexion, le musulman compare un à trois ans de sermon d'un prêcheur, finissant abandonné et affaibli, aux vingt-trois ans d'enseignement et dix ans de règne d'un prophète roi finissant triomphant en apothéose. Or un prophète ne peut se lire à travers un autre prophète. Les œuvres des prophètes ne se comparent, ni ne s'opposent. Elles se complètent, chacun dans son temps, son envergure, la portée de sa mission, apportant une pierre à l'immense édifice de Dieu, commencée avec Adam, s'achevant avec le sceau des prophètes.

Chaque geste qu'il pose au quotidien, dans la pratique du culte, comme dans ses relations avec autrui, lui venant directement, sans intermédiaire, du Prophète, le musulman est dérouté par les origines des préceptes du christianisme, système de croyances conçu, bâti, au fil des siècles, bien après son inspirateur, par des hommes, par l'empilement de conciles et synodes, décidant de la foi, du crédo, de la liturgie.

Le Jésus des évangiles est, et demeure, maître rabbin, fidèle aux écritures passées, à la loi de Moïse. Ecritures qu'il semble durcir, pour reprendre ton terme, lorsqu'il clame qu'il n'est pas venu les « abolir », lorsqu'il met en garde contre le moindre changement de la moindre de ses lois. Que peut-on attendre d'autre d'un envoyé de Dieu si ce n'est le rappel de l'immuabilité des plus grandes lois divines ?

Quel est, dans le Qur'ân, la punition supérieure à celle de la Thora ? Le Lévitique condamne de mort les deux coupables d'adultère, homme et femme, homme et homme, homme et bête, femme et bête, sans préciser ni les circonstances ni les preuves à fournir, sans indiquer les cas de doute ou les conditions de libération[330].

Pour la même faute, le Qur'ân ordonne cent coups de fouet à chaque fautif, n'évoquant ni la mort, ni la lapidation – contrairement à *Deutéronne 22-24,25* -, met en garde contre les fausses accusations contre les femmes chastes, traite de « pervers » et punit de quatre-vingts coups de fouet tout accusateur qui ne fournit pas quatre témoins oculaires, maudit l'époux qui lance de fausses accusations contre sa propre femme, et innocente l'épouse si elle atteste que son époux ne dit pas la vérité[331].

La loi qui impose quatre témoins oculaires, permet à l'épouse d'être innocentée de l'accusation de son époux, punit les faux accusateurs, est-elle plus dure que celle qui condamne tout accusé et toute accusée sans donner ni les conditions de leur mise en accusation, ni les conditions de leur acquittement ?

La loi est certes partie intégrante du Qur'ân, car le Qur'ân assiste le Prophète dans son exercice de législateur et roi d'une communauté de croyants, d'abord dans Médine, puis dans un vaste territoire allant du Yémen aux frontières de la Syrie. Il doit disposer de tous les moyens juridiques pour régir des cités selon les lois de Dieu. Il en a été ainsi de Moïse occupant un rôle similaire auprès de sa communauté. Il en eût

---

[330] *Lévitique 20,10-20.*
[331] *Qur'ân 24,4-9.*

été de même de Jésus s'il avait exercé cette responsabilité. Le prophète roi règne sur terre tout en désignant le ciel, il est à fois temporel et spirituel.

Le spirituel l'emporte certes dans les révélations qu'il reçoit, car il œuvre avant tout pour la vie future, éternelle ; cependant que c'est l'application de la Loi qui garantit une éternité sans affliction. La loi, ainsi, occupe - et n'occupe que - près d'un douzième du Qur'ân. Cinq cents versets pour légiférer sur le mariage, le divorce, l'héritage, le veuvage, l'orphelinat, l'impôt, le prêt, les règles commerciales, ..., édifiant progressivement un code civil et pénal.

Tous ces détails ne figurent pas dans la loi de Moïse. Le Talmud vient ainsi compléter la Thora, pour donner une direction à la vie de tous les jours, or il est issu de rabbins et non de messagers de Dieu.

Le sentiment que la loi coranique est plus stricte que la loi biblique trouve son explication dans le fait que seule la loi islamique – islamique et non coranique -, de nos jours, est encore appliquée. Le ton du Qur'ân, quant à lui, n'est guère plus austère que celui des écritures anciennes. S'il est une punition – pour croyants et non croyants - sur laquelle il insiste bien plus que les écritures antérieures, c'est celle de l'au-delà.

C'est ainsi que Nous l'avons révélé en une psalmodie en langue arabe, en y multipliant les menaces, afin de prémunir les hommes du mal et les amener à méditer.[332]

---

[332] *Qur'ân 20,113.*

VI.9 Confirmation de la Bible ?

Fabrice : La Bible attendait-elle une confirmation ?

Les débats ont été houleux depuis la disparition de Jésus, entre juifs et juifs, puis entre juifs et chrétiens, puis entre chrétiens et chrétiens. Les conflits se sont multipliés entre trinitaires et unitariens, catholiques et protestants, s'opposant sur de grandes questions théologiques, autrement plus structurantes que celles qui peuvent opposer chiites et sunnites – ces derniers s'accordant de manière égale sur l'unicité de Dieu et le caractère humain de Muhammad.

La lecture des Evangiles, sans questionnement sur la personne de Jésus, sans trouble sur les concepts antagonistes d'unicité de Dieu, de fils de Dieu, mère de Dieu, cette lecture sereine n'est possible que pour une foi préétablie, pour laquelle chaque verset, qu'il soit explicite ou ambigu, ne fait que confirmer des convictions ancrées, antérieures à cette lecture, héritée d'un enseignement, d'une éducation.

Si la divinité de Jésus, dans les Evangiles, était irréfutable, si elle se dégageait de toutes les lectures possibles, des plus arusiennes aux plus paulinistes, Constantin n'aurait pas été embarrassé, et Nicée n'aurait pas eu lieu.

Si la déification de Jésus s'est présentée comme la solution ultime pour sortir les fidèles de la secte rejetée dans laquelle un judaïsme conservateur les avait enfermés, Dieu, quant à Lui, ne pouvait laisser dire indéfiniment qu'Il a un fils, qu'Il est en trois personnes ; trois personnes confondues en une pour satisfaire au triple compromis de : donner un statut divin à Jésus, assurer une continuité de la présence divine de Jésus par le Saint Esprit, satisfaire au monothéisme judaïque en ramenant trois dieux en un seul.

Il y avait donc nécessité absolue, pour les générations à venir, de démêler l'accepté de l'inaccepté, de confirmer le constant, l'intangible, et d'infirmer l'innovation, le dévoiement. Lorsque des hommes discutent entre eux du mystère divin, ce n'est pas le vote humain qui doit les partager, mais une autorité supérieure.

VII Les fidèles et la mise en pratique

VII.1 Amour et charité chrétienne ?

Si le mot le plus fréquent dans la bouche du musulman est *salam* (paix), celui par lequel il salue toute personne croisée, celui par lequel il termine ses prières en s'adressant aux anges scribes invisibles au-dessus de ses épaules, l'équivalent chez le chrétien est le mot *amour*, amour de son prochain, amour empreint de pardon, le pardon qui ne répond pas à l'offense. Le ton des évangiles est pourtant menaçant, la figure de Jésus n'y est pas qu'amour et pardon, mais plutôt celle d'un prêcheur austère, refusant tout miracle à « *cette génération méchante et adultère* »[333], la jugeant faible, ignorante, perverse.

Génération incrédule et dévoyée, combien de temps devrai-je rester avec vous ? Combien de temps devrai-je vous supporter ?[334]

Le jour où les fidèles le reverront (au Jugement Dernier ou à son retour avant la fin du monde), ils iront à lui heureux mais lui se détournera d'eux :

Ceux qui me disent : Seigneur, Seigneur ! n'entreront pas tous au royaume des cieux, mais celui-là seul qui fait la volonté de mon Père qui est dans les cieux.

Plusieurs me diront en ce jour-là : Seigneur, Seigneur, n'avons-nous pas prophétisé par ton nom ? N'avons-nous pas chassé des démons par ton nom ? Et n'avons-nous pas fait beaucoup de miracles par ton nom ?

Alors je leur dirai ouvertement : Je ne vous ai jamais connus, retirez-vous de moi, vous qui commettez l'iniquité.[335]

---

[333] *Marc 8,12 Il ne sera donné aucun signe à cette génération.*
[334] *Matthieu 17,17.*
[335] *Matthieu 7,22-23.*

Qu'en est-il de cet amour du chrétien pour son prochain dans l'histoire ?

Le pape Urbain II (représentant de Jésus sur terre) déclenche les croisades et ordonne le massacre des « impies » de Jérusalem. Richard Cœur de Lion, sur sa route vers cette cité, fait exécuter des milliers de femmes et enfants musulmans. En réponse, Salâh ah-Dîn (Saladin), après la reconquête de Jérusalem, y épargne la vie des chrétiens et fait répandre sur le sol de la ville des milliers de pétales de rose.

Trois siècles d'esclavage négro-africain au vu et au su de l'église, et parfois avec sa bénédiction. Douze millions d'amérindiens exterminés, d'autres millions privés de leurs droits.

Des dizaines de milliers de protestants abattus la nuit de la Saint-Barthélemy.

A l'approche de la fin de la seconde guerre, la fumée épaisse de la bombe nucléaire recouvre Hiroshima, puis Nagasaki, ombre funeste flottant sur un lot de morts, d'orphelins, de destructions.

Tandis que l'Andalousie, que les musulmans ont occupé huit cents ans, a été un modèle de tolérance, de culture, de raffinement ; juifs, chrétiens et musulmans y vivant en harmonie, la connaissance du grec et de l'arabe par les premiers produisant la traduction de la philosophie grecque, tandis que la théologie des derniers s'en nourrissait. Et lorsque cette harmonie fut brisée, la plupart des juifs ont fui vers des nations musulmanes en Afrique du Nord, y formant la communauté des juifs séfarades. Ceux qui n'ont pu s'échapper ont été contraints de choisir entre le christianisme et la mort.

A Damas, en 1860, durant les troubles confessionnelles, l'émir Abdel Kader, risquant sa vie, sauve les populations chrétiennes.

Dans les années 40, le résident général français, se voyant contraint d'appliquer aux juifs du Maroc les lois de Vichy, fait livrer au roi Muhammad V deux cent mille étoiles jaunes destinées aux juifs du royaume. Le roi lui répond que le compte n'y est pas, qu'il en manque vingt. A l'officier interloqué il explique que les membres de sa famille sont au nombre de vingt. La communauté juive marocaine, à titre posthume, lui décerne le titre de Juste des Nations. Dans l'Algérie voisine, dans toutes les mosquées, les imams prêchent aux fidèles de respecter et de ne pas faire leurs les biens des juifs arrêtés par les Allemands.

Or, de nos jours, depuis ce 11 septembre, c'est l'islam qui est associé à l'intolérance, la haine, la terreur. Le nombre des victimes cités plus haut est pourtant sans commune mesure avec celles d'actes de terroristes se disant agir au nom de l'islam. Tout comme est considérable le nombre de victimes de la guerre d'Irak, pays déstabilisé par une intervention pensée et voulue par des évangélistes, et justifiée par des mensonges distillés par les plus hauts dignitaires dans l'auguste enceinte conçue au lendemain de la guerre pour protéger la souveraineté des peuples et prévenir les actes d'invasion asservissant ces peuples. Le terrorisme d'un ou trois individus fait autrement moins de victimes que le terrorisme d'état. A la différence du terrorisme de groupe, le terrorisme d'état revêt un caractère légal, légitime, par les moyens de communication et la logistique qu'il déploie.

Depuis le khalifat d'Ümar, en 634, juifs et chrétiens ont été déclarés *zhimmîs* (protégés) en terre musulmane. Ce terme subit aujourd'hui, de l'extérieur, toutes les critiques et railleries, de la part de ceux qui n'ont jamais vécu sa réalité, qui l'assimilent à de la docilité, si ce n'est de la soumission. Ils oublient, ou feignent d'oublier, qu'un *zhimmî* est, avant tout, respecté dans sa foi et sa pratique, considéré parmi les « ahl al-kitâb » (personnes ayant reçu un Livre Saint), ses lieux de culte protégés par l'armée musulmane ; et, s'il s'acquitte d'un impôt propre à son statut, le musulman à son tour s'acquitte de la zakât. Quelle est, dans l'histoire, la moindre plainte d'un juif ou d'un chrétien de son statut de *zhimmî* en terre musulmane ? Bien au contraire, dans toutes les périodes de crise, comme celles qu'a connu l'Irak, propices à la manifestation de la rancœur de ceux (minoritaires) qui voient dans le chrétien autochtone une sortie d'allié du chrétien envahisseur, dans ces périodes où une partie du peuple, par dépit, perd son âme, les chrétiens ont rappelé au musulmans ce devoir qu'ils ont toujours honoré envers eux.

Tu conviendras avec moi que, bien que les chrétiens au Sénégal soient, en nombre et en pourcentage, moins nombreux que les musulmans en France, il fait mieux être chrétien au Sénégal que musulman en France. La comparaison entre les deux est quasi un non-sens. Si, au Sénégal, le carillon des cathédrales et églises est la chose la plus naturelle aux oreilles du passant musulman, les chefs religieux chrétiens (à l'image de l'archevêque de Dakar) font partie des grandes personnalités de la vie sociale du pays, si toutes les grandes cérémonies chrétiennes y sont médiatisées, si le chrétien s'y sent chez lui, l'homme étant « partout chez Dieu »[336], chez des personnes ayant le plus grand respect pour sa foi, le messie Jésus et sa mère Marie, allant jusqu'à élire à la magistrature suprême l'un des siens, et l'honorant chaque jour comme un digne fils du pays, en France, il est interdit au musulman de faire

---

[336] *Les Contemplations, La vie aux champs (Victor Hugo).*

retentir le azhân, tandis qu'il arrive aux églises de faire sonner leurs cloches, sans que cette différence ne gêne les laudateurs de la laïcité, chaque nouvelle mosquée coûte une décennie de récolte de dons des fidèles, les médias font très peu de place à l'islam, et débattent quasi quotidiennement des terroristes musulmans, le minaret, bien que non « interdit » – comme en Suisse – est parfois « toléré » et souvent « évité », le voile, même sur la tête d'une grand-mère ou d'une fillette pieuse, est vu comme un symbole d'un islam conquérant rêvant de soumettre tous les infidèles, comme si ce voile n'apparaissait pas de plus en plus dans les pays où il n'y a plus personne à convertir, comme si son existence n'était pas antérieure de plusieurs millénaires à l'avènement de cet islam politique qu'ils brandissent à chaque éditorial, comme s'il fallait, vaille que vaille, contrer cet immense aquilon de spiritualité qui souffle sur le vingt et unième siècle, comme si le matérialisme triomphant redoutait que ce divin imprévisible ne vienne ébranler tous les socles sur lesquels une société consumériste a été fondée.

VII.2 Déchristianisation de l'Europe

L'expression « déchristianisation de l'Europe » est celle du pape Benoit XVI. Il dénonçait alors le renoncement à la foi, le désert des églises, les bancs devenus trop nombreux et trop longs pour le peu de fidèles. Il tenait ces propos alors que le « mariage pour tous » (euphémisme pour désigner le mariage entre personnes de même sexe) n'avait pas été voté - non par le peuple, mais par ses dirigeants - dans bien de nations européennes et chrétiennes. Quel texte saint condamne pourtant l'homosexualité aussi longuement et explicitement que l'Ancien Testament ? la Thora lui consacre une trentaine de versets[337] se terminant par la destruction des cités Sodome et Gomorrhe. Malgré cela, de nombreuses églises protestantes bénissent ces unions entre personnes de même sexe. Leurs interprétations de ces versets en font-ils un précepte valable uniquement pour le peuple et le temps de Moïse ?

Le Qur'ân s'appesantit moins sur cette pratique du peuple de Lûtt (Lot), même si la condamnation est aussi formelle :

Et lorsque Lûtt dit à son peuple : « Commettrez-vous une abomination qu'aucune créature avant vous n'avait pratiquée ?

Vous vous obstinez à assouvir vos désirs charnels sur les hommes, et délaissez les femmes. N'est-ce pas là l'œuvre d'un peuple pervers ?[338]

Ce mariage entre personnes de même sexe n'est qu'une étape et sera suivi, partout, par la logique du « pour tous », par le droit à l'enfant. De don de la nature, l'enfant devient droit conféré par le législateur.

Une gigantesque scission du genre humain se prépare, par des fissures çà et là, plus profondes que celles qui séparent les continents : d'un côté les peuples qui bénissent ce type d'union, de l'autre ceux qui la rejettent, par fidélité à un interdit divin. D'un côté les sociétés dites chrétiennes, de l'autre les musulmanes. C'est là un des sens profonds du constat du pape Benoit XVI, un sens qui en fait une prophétie.

Certes loin de nous, toute condamnation, à titre personnel, d'un choix également personnel. Il s'agit d'écritures saintes et de conformité à celles-ci. Ainsi que le rappelait le pape François : « Qui sommes-nous pour juger ? ».

---

[337] *Genèse 19-1,29.*
[338] *Qur'ân 7,80-81.*

Dès lors que l'on reconnait le principe fondateur que c'est Dieu qui a créé l'homme et tout ce qui l'entoure, on accepte nécessairement qu'Il sait mieux que l'homme ce qui est bénéfique ou néfaste pour lui. Toutes les interdictions provenant de Dieu ne s'inscrivent pas nécessairement dans un temps limité ; et lorsque c'est le cas, comme il en a été pour les descendants de Ya'qûb en matière de nourriture illicite, Il le précise. Si l'on argue, sans connaissance du mystère divin, que le porc a été interdit pour les temps anciens parce que l'animal y était mal nourri, mal tué, et par conséquent porteur de germes, peut-on, dans la même logique, soutenir qu'une pratique amoureuse impliquant des personnes de même sexe a été interdite un temps pour permettre que le genre humain se reproduise, et qu'une fois cette reproduction arrivée à son paroxysme, l'interdiction peut être levée ? Un croyant peut-il, en toute sincérité, sans la moindre préoccupation de conserver ou multiplier ses ouailles, se donner la liberté de défendre ce type d'argument tout en proclamant « les voies du Seigneur impénétrables »[339] ? Dieu sort les hommes de l'obscurité vers la lumière. Il n'y a aucune question primordiale à laquelle Il n'a pas répondu. S'il l'on peut penser, à tort ou à raison, qu'Il a un moment permis l'inceste, pour faire jaillir des milliards d'êtres humaines d'un seul couple, Il a, en temps voulu, clairement expliqué à l'homme et la femme à qui ils ne pouvaient, désormais, s'unir.

Désormais, n'épousez plus les femmes que vos pères ont eues pour épouses.[340]

Il vous est interdit d'épouser vos mères, filles, sœurs, tantes paternelles, tantes maternelles, les filles de vos frères, les filles de vos sœurs, les

---

[339] *Epîtres de Paul aux Romains 11,33.*
[340] *Qur'ân 4,22.*

nourrices qui vont allaités, vos sœurs de lait, vos belles-mères, vos belles-filles, qui sont nées des femmes avec qui vous avez consommé le mariage. (…) Il vous est également interdit d'épouser les femmes de vos propres fils et d'avoir pour épouses deux sœurs en même temps. Ces interdictions ne concernent pas le passé. Dieu est Clément et Miséricordieux.[341]

VII.3 Le cœur au-dessus de la raison

Nombre de prêtres devenus musulmans entretiennent avec la Bible une relation où se mêlent reconnaissance et prudence. S'ils portent un regard plus avisé sur ses imperfections, ils n'oublient pas les nombreuses heures passées sur ces textes qui ont contribué à leur formation et leur humanité, cette humanité qui les a menés à poser le regard sur d'autres écritures jusque-là inconnues d'eux, et qui ont eu par effet de combler leur foi par ce qu'elle a toujours recherché, consciemment ou inconsciemment. Idris Tawfik confie savoir maintenant que, lorsqu'enfermé dans les bibliothèques du Vatican, il se penchait longuement sur les écrits de saint Thomas, Allâh traçait sa route vers l'islam.

Yusuf Estes, ancien pasteur, lors de ses conférences, avertit le public musulman de ne pas s'attendre à ce qu'il déprécie la Bible, et exhorte le public chrétien à l'humilité et au respect d'un message qu'il n'a pas adopté et, surtout, qu'il ne connait sans doute pas, tout comme il en fut pour lui avant de l'embrasser.

---

[341] *Qur'ân 4,23.*

Le terme *conversion*, appliqué à ces grands croyants, devient impropre. Ils n'ont pas le sentiment d'avoir quitté un prophète pour un autre, mais de s'être arrêtés, à un moment de leur vie, sur cette route vers Dieu, puis d'avoir repris leur marche. L'un d'eux eux confie que c'est Jésus qui l'a conduit à Muhammad, un autre qu'il a trouvé dans le Qur'ân la réponse à la question qu'il s'est longtemps posée à propos de l'accueil que sa famille – la *Famille d'Imran*[342] - avait réservé à Marie et son enfant inattendu, un autre qu'il est resté songeur sur l'expression coranique « *Seigneur des mondes*[343] » - que les musulmans récitent depuis des siècles. Le désir d'aller autrement vers Dieu, d'adopter un nouveau rituel, de nouvelles pratiques, naît très rarement de convictions intellectuelles, mais trouve son origine dans cet organe dont le Prophète disait « s'il est saint, l'homme tout entier est saint » : le cœur. La foi est enfouie chez l'homme dans des couches encore plus basses, plus fortes, que celle de la raison.

Exceptées quelques rares exceptions chez qui l'esprit domine l'affectif, nul ne vient à l'islam par les contradictions qu'il a pu trouver dans la Bible, ni par la perplexité que suscite la trinité, ni par les miracles scientifiques du Qur'ân, mais par le comportement – en général vertueux - d'un musulman qu'il a eu à côtoyer ; la proximité d'un croyant est souvent l'étincelle qui éveille la curiosité. L'homme vient quasi toujours au monde avec une religion (ou une absence de religion), inscrite sur son front par ses parents, ces êtres censés l'aimer d'une affection qui surpassera toutes les autres qu'il connaîtra le long

---

[342] *Sourate 3.*
[343] *Qur'ân, Al Fatiha, 1-2.* Cette expression est parfois traduite par « Seigneur de l'univers ». Or le terme arabe utilisé dans le verset est « älâmin », pluriel de « älimun » (monde). Le pluriel a ici son importance, notamment dans un contexte d'émergence de paradigme du multi univers.

de sa vie. Abandonner cette religion, passer le revers de sa main sur ce front, revient quasi à trahir cette affection, et cela n'est souvent possible qu'à la rencontre d'une personne que l'on porte dans son cœur comme son propre frère, ou sa propre sœur. Les compagnons du Prophète avaient l'habitude de lui proclamer : « Nous t'aimons plus que nos propres personnes. »

VIII Epilogue – Lé délai accordé

Aux hommes qui commettent les pires turpitudes, les meurtres les plus atroces, il arrive souvent, beaucoup trop souvent, que la vie accorde qu'ils continuent à se prélasser dans de somptueux lambris dorés, que leurs voix continuent à être entendus d'un bout à l'autre de la terre, auréolés de leur puissance à toute épreuve, au-dessus de tout jugement, se riant de la justice des hommes et de la balance divine, regardant avec mépris et haine les larmes qu'ils font continuellement couler sur les joues de milliers de mères, d'enfants, de vieillards, sereins dans leur ignominie, êtres invulnérables qui jamais ne verront sur leur chemin jaillir un seul juste, un seul téméraire, brandir contre eux le glaive du châtiment. Régnant en pires tyrans que puisse engendrer le genre humain, indifférents au sort d'autrui, à la vie de millions d'êtres humains, ils sont inhumés avec un faste dont sont privés les meilleurs d'entre nous.

Une fois étendus dans leur habitacle ultime, dans cette obscurité égale à celle de la matrice qui les a formés à la vie, une fois tous les honneurs rendus, que tous, fidèles, admirateurs, thuriféraires, quitteront les abords du sépulcre, que la nuit couvrira de son obscurité le lieu que peuplent ceux qui ne sont plus, quels visiteurs prendront le relais auprès du mort ? Auront-ils la même obséquiosité que les flagorneurs du jour ? Ne seront-ils pas plutôt de la plus implacable des justices, de celle qui ne connaît ni riche, ni pauvre, ni illustre, ni méconnu ? Une fois la loi borgne et pusillanime des hommes, celle qui courbe l'échine devant les puissants et pointe son doigt accusateur sur les faibles, une fois qu'elle disparaîtra dans les brumes d'un ici-bas imparfait, qu'en sera-t-il de la parfaite inexorable équité divine ?

Quelle âme, trempée dans la certitude qu'il est un Être Supérieur, observant depuis l'invisible, laissant faire, et attendant que tout s'achève, peut croire que le criminel peut vivre comme il l'aura voulu, semer souffrances indicibles et douleurs inouïes sur des générations d'êtres innocents, comme un badaud écraserait des brindilles sur son chemin, sans que jamais il ne ressente ni colère, ni peur, ni douleur et souffrances ? S'il en était ainsi, si les pires crimes devaient demeurer impunis, alors nulle vie ne mériterait d'être vécue, et l'indifférence des chantres de son absurdité aurait pour elle mille raisons, et toute larme versée à la perte d'un être cher serait vaine. Si Dieu, qui a établi la balance en toutes choses, pardonnait à tous, aucune de Ses Lois, aucune de Ses mises en garde n'aurait été révélée, répétée, de siècle en siècle, de prophète en prophète.

Cependant, le pire des monstres pouvant devenir le plus accompli des vertueux, le repentir étant le recours par lequel l'homme se renouvelle, la voix par laquelle il appelle sur lui la miséricorde qui pardonne toutes les fautes, Dieu, dans Sa mansuétude, accorde un délai à chacun.

Et Je leur accorderai un délai, car Mes ripostes sont infailllibles.[344]

Il en est toutefois pour qui ni les délais accordés, ni même les prières du Prophète, ne pourront sauver de la colère de Dieu.

Peu importe que tu demandes à Dieu de leur pardonner ou non ! Jamais Dieu ne leur pardonnera, dusses-tu répéter ta demande soixante-dix fois, car ils ont renié Dieu et Son Prophète, et Dieu ne guide pas les gens pervers.[345]

------

[344] *Qur'ân Al A'raf, 7,183.*
[345] *Qur'ân 9,80.*

Jamais livre saint n'aura autant insisté sur la punition du mal, et la rétribution du bien.

Y a-t-il meilleure récompense du bien que le bien lui-même ?[346]

La vie après la mort est la véritable vie, la seule finalité de la vie ici-bas.

La vie ici-bas n'est que jeu et frivolité, apparat et futiles rivalités, joutes sur la quantité de richesse et le nombre d'enfants (...) Tandis que dans la vie future il y aura un terrible tourment ou un pardon de Dieu et Son agrément.[347]

Que nous apprennent les religions révélées sur cette vie après la mort ? La réponse du juif est souvent une nébuleuse non tirée de ses textes saints - qui en parlent peu -, mais sortie des mains de ses exégètes, tel que le bien-être apporté par l'arrivée du messie, ou le retour sur terre avec une nouvelle âme. Ni le paradis, ni l'enfer ne sont clairement mentionnés dans l'Ancien Testament.

Le Nouveau Testament survole également ces sujets – pourtant de la plus grande importance - en des termes vagues, imprécis[348], et, dans tous les cas, pas suffisamment menaçants pour ôter au croyant le sentiment d'être sauvé par la seule croyance, le seul pendentif à son cou, tandis que rien de ses actes de tous les jours n'est conforme aux exhortations des messagers. Le Nouveau Testament évoque, à de très rares occasions, le « royaume des cieux », la « vie éternelle », la « géhenne », sans en donner explicitement ni de description ni les

---

[346] *Qur'ân 55,60.*
[347] *Qur'ân 57,20.*
[348] Le Livre de l'Apocalypse, du Nouveau Testament, est un « songe » (dont on ne peut connaître l'origine) et non des propos de Jésus.

conditions d'élection à l'un ou l'autre, au point que les théologiens divergent sur l'entendement de ces concepts ; l'étape intermédiaire du purgatoire a ainsi été introduite par le catholicisme et n'existe pas dans les propos de Jésus, ni clairement établi dans les écrits antérieurs.

De très nombreux passages du Qur'ân sont consacrés à la fin du monde, la résurrection de toutes les âmes, les moments précédents le Jugement Dernier, le Jugement Dernier lui-même, l'enfer et les différents degrés de paradis.

Ô hommes et djinns ! Nous aurons bientôt à vous juger.[349]

On lancera alors contre vous des jets de feu et d'airain fondu. Et de ce combat vous ne sortirez pas victorieux.[350]

Le jour où Dieu vous appellera, vous Lui répondrez aussitôt en Le glorifiant, pensant n'être restés dans vos tombes que très peu de temps.[351]

Ce jour où tu verras les croyants et les croyantes munis de leurs lumières devant eux et à leur droite, ce jour où il leur sera annoncé : « Voici la réalisation de la promesse, des jardins sous lesquels coulent des ruisseaux, où vous demeurez éternellement. » Tel est le comble du bonheur ![352]

Et les hypocrites diront aux croyants : « Donnez-nous un peu de peu de votre lumière !»[353]

---

[349] *Qur'ân 55,31.*
[350] *Qur'ân 55,35.*
[351] *Qur'ân 17,52.*
[352] *Qur'ân 57,12.*
[353] *Qur'ân 57,13.*

*Et les hypocrites crieront : « N'étions-nous pas autrefois avec vous ? » –
« Oui, répondront les croyants, mais vous avez cédé à vos passions,
vous avez hésité, douté et nourri de vains espoirs, jusqu'à ce que la
mort vous surprenne. Le séducteur vous a trompés sur le compte de
Dieu. »*[354]

Dieu nous accorde un délai jusqu'au tombeau. Serions-nous de ceux
qui ne redoutent ni l'obscurité, ni l'inconnu de la mort ? Détournerons-
nous de l'appel de l'Eternité parce qu'à l'intelligence du cœur nous
avons préféré les voies de nos pères, ou l'orgueil de notre naissance,
ou la gloriole de notre peuple ? L'orgueil est la mère nourricière de
tous les maux ; il a fait Satan, et Satan a fait le mal.

Dieu honore ceux dont le cœur n'est pas rongé par l'orgueil. Eux seuls
sont capables de la larme à l'écoute de Sa Parole, et de l'humilité dans
la prosternation.

Idriss Tawfik était certes de ceux-là. Après des années de solitude, de
recueillement, de vie de prêtre dédié aux autres, ressentant de plus en
plus un manque, un vide, qu'il ne lui était pas lui-même donné de
pouvoir définir, il demanda à ses supérieurs de le décharger de sa
mission de prêtre, et choisit de s'évader quelques jours de son
quotidien. L'Egypte, éloigné et parlant l'anglais, sa langue maternelle,
lui parut la plus naturelle des destinations.

S'y promenant sans destination établie, et passant un jour devant par
un très jeune cireur de chaussures, celui-ci reconnut en lui un touriste
européen et lui lança avec un large sourire : « Assaloumou alaykoum »
(« Que la paix soit sur toi ! »). Ce salut (cette prière) était dit avec tant

---

[354] *Qur'ân 57,14.*

de sincérité, tant d'innocence, par un cœur si pur, qu'il ébranla l'homme d'église. Arrivé à son hôtel il en demanda la signification, apprit à y répondre, et, le lendemain, passant de nouveau près du jeune cireur, et recevant la même salutation, il lui répondit chaleureusement : « Wa alaykoum salam » (« Et que sur toi soit la paix ! »).

Ce fut son premier contact avec l'islam, qui n'alla pas plus loin que le sourire d'un adulte à un enfant. De retour à Londres, il entreprit d'enseigner dans une école, de préférence dans un milieu défavorisé. Cette participation à l'instruction de jeunes esprits pouvant contribuer à combler ce manque qui avait empli son être.

Il y avait quelques enfants musulmans dans l'établissement, et le hasard fit que seule sa classe disposait d'un tapis pouvant servir pour la prière. Le mois de ramadhân arriva, et les jeunes musulmans vinrent lui demander de leur permettre de prier sur ce tapis, durant les récréations. Pendant ce mois béni, ils souhaitaient accomplir les prières en temps et en heure, et ne pas les rattraper le soir, de retour à la maison, comme ils avaient coutume de le faire. L'homme de foi accepta volontiers et leur promit qu'il jeûnerait avec eux, pour les encourager. Ce qu'il fit, sans le moindre rituel religieux, uniquement pour accompagner les jeunes élèves dans une épreuve qu'il présumait difficile pour eux.

Lors des recréations, il demeurait en classe, corrigeant les copies et préparant les cours. Un jour, prêtant attention aux jeunes jeûneurs, il put les voir se succéder au lavabo pour faire leurs ablutions, puis se réunir sur le tapis, derrière le plus connaisseur pour faire la prière. Ces gestes qu'ils pratiquaient, l'inclinaison, la prosternation, lui en rappelèrent d'autres en d'autres temps et d'autres lieux. Ils les as lus, accomplis par les prophètes de l'Ancien Testament, par Jésus lui-même.

Il se mit alors à se documenter plus amplement sur l'islam. Les ouvrages à portée de main épuisés, il alla s'en procurer au centre culturel islamique. Une conférence devait s'y tenir, animée par Yusuf Islam en personne. Il s'y rendit, et, à la fin de son discours, vint retrouver Yusuf Islam, lui poser des questions, notamment sur son parcours de converti. Yusuf lui répondit sereinement, et, posant son regard dans le sien, lui dit sans ambages : « Vous êtes déjà visiblement musulman. Il serait temps de vous en rendre compte. » A ce moment le azhân retentit dans l'enceinte : *Dieu est le Plus Grand, Dieu est le Plus Grand, Il n'y a de divinité que Dieu …*

Connaissant désormais la signification de chacun des mots de cet appel, l'homme de foi ne put retenir ses larmes. Alors que les fidèles se levaient pour quitter la salle de conférence et rejoindre la salle de prières, il les suivit, se tint debout contre le mur du fond sans pouvoir se joindre à la prière. Dès que l'imam entama la sourate L'Ouverture, ses larmes reprirent, inondant son visage au fur et à mesure que la voix s'élevait dans l'enceinte.

A la fin de la prière, de nouveau il rejoignit Yusuf Islam, et, auprès de lui, fit la *shahada*.

Tu constateras que ceux qui sont les plus disposés à aimer les croyants sont ceux qui disent : « Nous sommes chrétiens ». Car il est parmi eux des prêtres et des moines qui ne s'enflent pas d'orgueil.

Et lorsqu'ils entendent ce qui a été révélé au Messager, tu vois leurs yeux déborder de larmes tant ils sont saisis par la vérité du message, et ils disent : « Seigneur, nous croyons. Inscris-nous au nombre des témoins. »[355]

Table des Matières

Dépôt légal : mars 2019